BUZZ

© 2019 Buzz Editora

© 2018 Jessica Honegger
Título original *Imperfect Courage*

Tradução publicada mediante acordo com WaterBrook, um selo da Crown Publishing Group, uma divisão da Penguin Random House LLC.

Publisher ANDERSON CAVALCANTE
Editora SIMONE PAULINO
Editora assistente LUISA TIEPPO
Tradução ELISA NAZARIAN
Preparação CAROLINA DONADIO
Projeto gráfico ESTÚDIO GRIFO
Assistentes de design NATHALIA NAVARRO, FELIPE REGIS
Revisão ELENA JUDENSNAIDER

Dados Internacionais de Catalogação na Publicação (CIP)
de acordo com ISBD

H772p
  Honegger, Jessica
  O poder de ser imperfeita: Jessica Honegger
  São Paulo: Buzz, 2019.
  240 pp.

ISBN 978-65-80435-21-0

1. Autoajuda. 2. Mulheres. 3. Trabalho. 4. Profissão.
5. Empoderamento I. Nazarian, Elisa. II. Título.

	CDD 158.1
2019-1345	CDU 159.947

Elaborado por Vagner Rodolfo da Silva CRB-8/9410

Índice para catálogo sistemático:
1. Autoajuda 158.1   2. Autoajuda 159.947

Todos os direitos reservados à:
Buzz Editora Ltda.
Av. Paulista, 726 – mezanino
CEP: 01310-100 – São Paulo, SP
[55 11] 4171 2317
[55 11] 4171 2318
contato@buzzeditora.com.br
www.buzzeditora.com.br

Está sentindo medo? Vai com medo mesmo.

O PODER DE SER IMPERFEITA

JESSICA HONEGGER

Tradução ELZA NAZARIAN

ELOGIOS A
O PODER DE SER IMPERFEITA

"Às vezes, uma necessidade desesperada cria uma oportunidade para transformação do mundo. A história de Jessica fornece uma tapeçaria maravilhosamente imperfeita para entender como a renúncia e a coragem podem se apresentar, quando uma necessidade inesperada testa a nossa fé. Ela demonstra que enfrentar nossa história pode levar à construção de um caminho que mude a história de outra pessoa. Ensina como controlar seu medo e transformá-lo em uma coragem que mudará o mundo."

LATASHA MORRISON
fundadora e presidente do Be the Bridge.

"Escolha um motivo para ler este livro: você se importa com o mundo, é uma empreendedora, adora moda, adora mulheres, tem grandes ideias, tem uma perspectiva global, é uma criadora, uma sonhadora, uma visionária, uma texana (o Texas está muito presente na história de Jessica). *O poder de ser imperfeita* é combustível para tudo isso. É tão generoso e aventureiro quanto Jessica, que é a maior líder, criadora e amiga que já conheci."

JEN HATMAKER
autora *best-seller* de *Ame mais, julgue menos*
e apresentadora do *podcast For the Love*.

"Jessica é um exemplo incrível de como deveria ser uma líder empresarial. Não apenas por ter tido a coragem de criar uma companhia do nada, mas por ter aberto caminho para o sucesso e, em seguida, se voltado, com uma lanterna, para iluminar o caminho para o restante de nós. Este livro é fundamental para qualquer pessoa que esteja em busca de grandes sonhos em um caminho que pareça instável!"

RACHEL HOLLIS
autora *best-seller* do *New York Times*,
de *Garota, pare de mentir para você mesma*.

"Como CEO da Noonday Collection, a falta de pretensão de Jessica e o seu compromisso com a transparência conquistaram a confiança tanto de artesãos quanto de consumidores. Ela age do mesmo jeito em *O poder de ser imperfeita*; cada capítulo parece um convite pessoal para acompanhá-la narrar lembranças de sua paixão contagiante pelo uso do empreendedorismo para empoderar mulheres em todo o mundo. Sua profunda convicção na igualdade e na justiça é contagiante e mudará a vida de muitas pessoas."

MICA MAY
fundadora e CEO da May Designs.

"Jessica Honegger conquistará você com sua aventura na formação de uma empresa que está moldando e mudando o mundo. Você vai se ver chorando, rindo e se perguntando por que se resguardou tanto na vida. Ela faz com que você queira arriscar tudo pelo bem das pessoas e do mundo, porque isso não só dá um significado maior à vida como a torna mais divertida!"

JENNIE ALLEN
autora de *Nothing to Prove* e fundadora
e visionária de IF: Gathering.

"Jessica me leva a pensar muito além das minhas duas mãos. Seu coração e sua tenacidade me inspiram como empreendedora, assim como seu compromisso em contatar, empoderar e inspirar mulheres em todo o mundo!"

EMILY LEY
fundadora da Simplified e autora *best-seller*
de *Grace, Not Perfection* e *A Simplified Life*.

"Este livro é o mapa da sua trajetória na descoberta e perseguição do seu grande sonho. Jessica ensina a todos nós como ultrapassar as mentiras que nos impedem de viver nosso potencial no mundo. Como *O poder de ser imperfeita* mostra, quanto mais cada um de nós amplia seu círculo de compaixão e abarca todo o globo, mais rápido o amor de Deus chega em cada canto do mundo."

AMY BROWN
co-apresentadora do *The Bobby Bones Show*.

"Neste livro encantador, Jessica expõe a trajetória acidentada para iniciar a Noonday Collection, o que aprendeu ao longo do caminho e como se aprimorou por causa das pessoas que conheceu. Estou muito animada para que você leia essa história, não apenas para que conheça mais a Jessica e a Noonday, mas porque, assim, você se conhecerá mais e perceberá como também pode fazer coisas importantes, mesmo com medo."

JAMIE IVEY
autora de *If You Only Knew* e apresentadora
do *podcast The Happy Hour with Jamie Ivey*.

"A trajetória de Jessica Honegger é uma inspiração não apenas para empreendedores e líderes executivos, mas para qualquer um que esteja em busca dos sonhos que Deus colocou em seu coração. *O poder de ser imperfeita* é a prova viva de que a moda pode desempenhar um papel importante na mudança do mundo e de que os negócios podem ser uma força incrível para o bem. O mundo precisa de mais empresas como a Noonday Collection e de líderes de ambição mais consciente, como Jessica Honegger."

MEGAN TAMTE
fundadora e co-CEO da Evereve.

*Para Joe, que certa vez me fez
uma promessa que mudou o mundo.*

INTRODUÇÃO
Dê uma chance, 15

PARTE 1
O PRIMEIRO PASSO

1. Escolha coragem, 26
2. Levante-se, 35
3. Assuma sua história, 52
4. Faça-se valer, 75

PARTE 2
JUNTAS É MELHOR

5. Aceite a vulnerabilidade, 96
6. Crie espaços solidários, 108
7. Descubra o efeito da sororidade, 129
8. Invista na colaboração, 147

PARTE 3
UM MUNDO DIFERENTE

9. Amplie seu círculo, 166
10. Potencialize seu poder, 182
11. Pare de tentar, 203
12. Construa um mundo próspero, 220

Agradecimentos, 234

Notas, 238

*O caminho para o sucesso é contínuo,
e a experiência de caminhar por ele é marcada
por confiança e clareza.*
Ninguém, nunca

INTRODUÇÃO

DÊ UMA CHANCE

"Dinheiro vivo é tudo quando se tem um negócio", meu pai, empresário, sempre gostava de dizer, e aqui estou eu, em frente a um balcão de uma loja de penhores, em Austin, pondo em prática essa verdade. Depois de visitar várias lojas de penhores, escolhi a menos promissora, agarrada a um punhado de preciosas joias de ouro que minha mãe e minha avó haviam me dado ao longo dos anos: minha cruz de crisma, meu anel do 16º aniversário e meu colar da formatura do Ensino Médio, e me preparei para vender tudo aquilo para manter vivo o sonho da minha empresa caseira, Noonday Collection. Esta cena não combinava com as festas de debutantes luxuosas e privilegiadas da minha juventude, mas tempos de desespero pedem medidas desesperadas. Ao que parecia, eu estava desesperada pela loja de penhores.

Baseada na conversa que se desenrolava entre mim e o homem atrás do balcão, eu sabia que estava sendo enganada. Mas é isso que acontece quando você está necessitada e com pressa; você aceita impulsivamente a primeira oferta semirrazoável que aparece. "Negócio fechado", eu disse ao sujeito. "Novecentos por tudo."

Saí da loja de penhores me sentindo vitoriosa, mesmo com as dúvidas arranhando o fundo da minha mente. Será que, mais tarde, eu não me arrependeria dessa decisão de me separar para sempre dos bens da minha família? Na melhor das hipóteses, o *site* da Noonday era rudimentar, e eu sabia que precisava investir mais do que o valor insignificante que meu amigo Joel tinha sido generoso em cobrar, para fazer com que um *site* mais robusto decolasse. Eu precisava de um *site de verdade*, e, como diz o ditado, "É preciso dinheiro para ganhar dinheiro", eu precisava que esse capital crescesse para tornar meu negócio *real*.

Um espírito de empreendedorismo corria nas minhas veias desde que eu tinha idade suficiente para comercializar, com lucro, minhas bandanas-tiaras com estampa de banana, feitas em casa. Ainda que estivesse apavorada de adentrar o desconhecido, eu era uma mulher com uma missão: criar um negócio e trazer para casa um garotinho de olhos vivos chamado Jack.

***

Antes de lançar a Noonday, em 2010, meu marido e eu tínhamos dois filhos: uma menina, Amelie, e um menino, Holden, mas estávamos pensando em aumentar a família por meio da adoção.

Tínhamos nos conhecido e nos apaixonado anos antes, durante um programa de treinamento da Food for the Hungry, uma organização de assistência e desenvolvimento voltada para as pessoas mais vulneráveis do mundo. Logo, percebemos que a coisa que fazia nossos corações bater mais forte era associar-se com aqueles que viviam na pobreza material onde, em geral, havia grande injustiça. Um ano depois de nos conhecermos, Joe me pediu em casamento em um píer instável, sobre o lago Atitlán, na Guatemala, onde vivíamos na época.

Desde então, voltei a essa cidade maravilhosa várias vezes, para visitar parceiros artesãos, e todas as vezes pensei naqueles primeiros dias de casada, quando só estávamos começando a sonhar com como construir juntos uma vida de impacto.

Depois de casados, Joe e eu nos adaptamos à nova vida, sempre com a intenção de voltar a viver no exterior. Mas então nossos dois pequenos chegaram, bem como nosso negócio de recuperação e comercialização de casas em Austin. Nós comprávamos, reformávamos, redecorávamos e catalogávamos todas as residências que podíamos, e embora gostássemos do desafio empresarial do mundo imobiliário, ainda tínhamos aqueles dias no Food for the Hungry guardados no coração. Em muitas ocasiões, olhávamos uma para o outro, depois de mais uma discussão sobre telha-*versus*-concreto, e balançávamos a cabeça. Uma vida com propósito estaria reservada apenas a solteiros idealistas na faixa dos vinte, ou ela também se destinava a restauradores de casa com uma família em expansão?

Joe e eu fazíamos muitas viagens internacionais para visitar amigos, organizações sem fins lucrativos e para continuar aprendendo sobre soluções sustentáveis que visassem ao alívio da pobreza. Essas viagens também serviam para manter sob controle nossa percepção do ilusório *American Dream* – e para nos lembrar que, para a maior parte do mundo, a vida era muito diferente. Em uma dessas viagens, segurei nos braços, pela primeira vez desde que me tornara mãe, uma criança órfã pela crise do HIV. Foi então que senti um palpitar no coração que me disse que acabaríamos aumentando a nossa família por meio da adoção.

Depois de discutir com Joe a possibilidade da adoção internacional e de perceber que nossos corações estavam em sintonia, começamos a nos preparar para o que esse próximo grande passo poderia trazer para nós. Foi nesse estágio de preparação que planejamos uma viagem a Uganda, para visitar amigos. Um dos casais que visitamos nessa viagem eram Bobby e Downie Mickler, que havia se mudado do Texas para Uganda esperando criar oportunidades empresariais para pessoas que viviam ali precisando de trabalho. Munidos de pecãs do Texas, fizemos a eles uma visita, levando-lhes um gostinho de casa.

Numa tarde de domingo, Joe e eu nos sentamos na varanda deles, enquanto Bobby explicava como andava o seu trabalho. Alguns dos negócios que ele tinha ajudado a criar eram pequenos – o homem que começou um serviço completo de encanamento a partir da sua bicicleta, por exemplo – enquanto outros eram grandes, tal como a criação de um sistema inovador de repelente contra mosquitos em *spray*, que os maiores hotéis da região estavam usando. Conforme Bobby prosseguiu, falando sobre um dos negócios com o qual ele mais se preocupava, sua paixão cresceu. "Temos amigos aqui que são artistas *incríveis*", ele disse. "Chamam-se Jalia e Daniel Matovu. Mandamos várias caixas com as mercadorias deles lá para casa e tentamos criar um mercado para eles durante nossas visitas. Mas percebemos que essa tentativa exige uma atenção muito maior, se for mesmo para dar certo. A mãe de Downie ainda está com duas caixas: bolsas, echarpes, joias, esse tipo de coisas. Vocês não estariam interessados em vendê-las?"

Downie continuou, me pondo a par de Jalia e Daniel, explicando que a venda de seus produtos feitos à mão era a única coisa com a qual podiam contar, semana a semana. "Eles estão decididos a usar sua arte para obter seu sustento e de seus filhos e, eventualmente, esperam, o de sua família estendida e amigos", Downie disse. "Acho que eles são o futuro de Uganda, mas, neste exato momento, mal conseguem comida para colocar na mesa..."

Escutei com atenção, acenando com a cabeça enquanto esse casal persistente, mas com dificuldades, despertava algo profundo em meu coração. Desde minha época com a Food for the Hungry, estava convencida de que um bom trabalho era a maneira mais segura e digna de dar condições para uma família sair da pobreza. Essas pessoas, Jalia e Daniel, pareciam ter uma relação comigo. Afastei este pensamento, não acreditando, de fato, que algum dia teria um papel em sua história.

***

Depois daquela viagem, Joe e eu voltamos para casa revigorados, plenos com a perspectiva e a vontade de adotar. Não tínhamos certeza de que a Uganda fosse o lugar onde encontraríamos nosso filho, mas continuávamos com a certeza de que a adoção internacional era o nosso caminho. Nossas pequenas economias forneceriam os meios; agora era hora de pesquisar a maneira.

O que não havíamos previsto (mas talvez devêssemos) era que, no mês seguinte, a bolha imobiliária estouraria com a chegada da recessão. Aquelas economias para adoção da qual nos gabávamos? É, elas começaram a pagar a conta do supermercado. Na pior das hipóteses, Joe e eu possuíamos cinco casas, uma delas em que estávamos morando, e quatro que precisávamos vender. Três delas não davam sinal de que seriam vendidas. Muito estressante, para dizer o mínimo. Joe e eu começamos um jogo de xadrez com nossos cartões de crédito, e até hoje me lembro da expressão do meu marido cada vez que ele entrava no nosso quarto, no dia de compras. Baixinho, ele dizia: "Hoje, use o Mastercard e não o Visa, ok?".

Foi uma época difícil para nós, financeiramente e em outros aspectos. Nas noites insones, eu ficava acordada imaginando se nós quatro teríamos que nos mudar para a casa dos meus pais. No entanto, com a realidade do mercado imobiliário, jamais venderíamos nossa casa, e tudo isso ficava dando voltas na minha cabeça. Um dia, Joe me telefonou quando estava voltando para casa, depois de, supostamente, ter fechado um negócio imobiliário, o único em meses.

"Ela deu para trás", ele disse. "A cliente estava muito preocupada de que a casa perdesse valor".

O desespero me levou a dar um Google: *O que fazer quando Deus te encaminhou para uma adoção internacional, mas você não tem dinheiro*. Não surgiu nada de útil.

Bom, talvez eu não tenha pesquisado exatamente isto, mas de fato comecei a sondar a internet, decidida a descobrir algum tipo de orientação. No prazo de um mês do começo desse processo, aconteceram duas coisas que só posso explicar como cutucadas divinas. A primeira foi um e-mail enviado por um amigo que tinha acabado de voltar de Ruanda, depois de uma entrevista para um trabalho na International Justice Mission. *Um passarinho me contou que você está pensando em adotar*, ele escreveu. Continuou, dizendo que, durante a viagem, tinha conhecido uma mulher, Jennifer, que vivia em Ruanda. Ela tinha acabado de adotar seu filho e queria começar a facilitar adoções para famílias americanas.

A segunda cutucada me pareceu ainda mais precisa. Eu pesquisava na internet informações adicionais relacionadas à adoção em Ruanda, e um dos primeiros resultados de busca que consegui foi o de uma tal Austinite, que tinha adotado um garotinho de Ruanda havia meses. Intrigada com sua história, cheguei a ela por meio do seu *site*, para ver se ela poderia me dar alguma orientação. *Devíamos nos encontrar,* ela respondeu. Ao marcar a data na minha agenda, decidi olhar seu *blog* com mais atenção, e ao escanear sua página "About Me" [Sobre mim], reparei no seu nome de solteira e vi sua foto. Meu queixo caiu. Aquela mulher não me era estranha, tinha sido minha colega de quarto na faculdade. A cutucada passou a ser mais uma espécie de empurrão. "Talvez *Ruanda* seja o local", eu disse a Joe.

Àquela altura, eu sabia que, para custear nossas despesas com adoção, Joe e eu teríamos que recorrer economicamente à família e aos amigos (hipótese que me mortificava) ou eu teria que começar alguma espécie de trabalho alternativo.

Procurei Downie, em Ruanda, via mensagem de texto.

"Afinal, estou interessada em vender aquelas mercadorias", disse-lhe, e em pouco tempo estava viajando de carro até San Antonio, para pegar aquelas caixas de produtos ugandenses, vibrantes, feitos com contas. Ao mesmo tempo, contatei todos os amigos residentes em Austin e os convidei para o meu primeiro bazar. Ali, eu venderia os produtos feitos à mão de Jalia e Daniel, muitas roupas do meu próprio *closet* e jogos extras dos meus pratos, na esperança de avançar no objetivo de levantar fundos para a adoção.

No dia do evento, senti um medo adolescente crescer dentro de mim. Fui, subitamente, tomada pela convicção de que aquilo tudo não passava de um grande erro. Estava certa de que ninguém viria e, depois, me perguntei o que as pessoas pensariam, caso viessem. O quarto de hóspedes estava com roupas até o teto, os pratos da minha avó forravam a lareira, e fileiras de contas de papel estavam dispostas na mesa de jantar. E se ir atrás desse sonho fosse uma perda de tempo? Quase cancelei imediatamente, porque o medo da rejeição e do fracasso era óbvio. Em vez disso, me sentei na sala de visitas e juntei coragem, mesmo que ela fosse imperfeita. Decidi, simplesmente, seguir, mesmo com medo.

Eu não fazia ideia de que, naquela noite, estaria dando início ao que seria a maior companhia mundial de comércio justo de adereços. E que, em apenas cinco anos, a Noonday Collection seria considerada pela *Inc. Magazine* a 45ª empresa de mais rápido desenvolvimento nos Estados Unidos. Ou que, dois anos depois, eu estaria em um palco, ao lado do meu então sócio empresarial, Travis Wilson, para receber o prêmio Ernst & Young Entrepeneur of the Year (Empreendedor do Ano da Ernst & Young), homenagem compartilhada com John Mackey, da Whole Foods, entre outros.

Meus medos devem ter surgido aos montes naquela noite, mas, felizmente, o mesmo aconteceu com as minhas amigas, bem como com as amigas das amigas, convidadas por elas. Elas vieram por se importarem com nossa nova jornada a caminho da adoção internacional e depois que estavam em minha casa, cercadas por todos os produtos africanos, sentiram-se profundamente atraídas pelas interseções entre moda e impacto, estilo e história, trabalho e dignidade, lucro e propósito. Após uma hora de evento, fiquei surpresa ao descobrir que havia vendido mais de noventa por cento de tudo o que eu tinha.

Quando os últimos convidados saíram com suas compras, me perguntei se não haveria algo nesse conceito. Depois daquela noite, comecei a sonhar mais alto do que antes. Os produtos eram diferentes, a história por trás era convincente, a brecha no mercado era óbvia e o poder das mulheres se juntando em apoio mútuo, cara a cara, era real. Na verdade, a Nooday existe porque mulheres compareceram para me ajudar naquela noite modesta em nossa casa. Encorajada por tal apoio, decidi verificar aonde aquele caminho me levaria.

Aquele primeiro bazar levou a outro e mais outro depois desse. Eu não tinha cartões de visita nesses primeiros eventos, então, anotava meu nome e o número do meu telefone em *post-its* amarelos, entregando-os a qualquer pessoa que mostrasse interesse em organizar seu próprio bazar.

Conforme o dinheiro foi entrando – quinze dólares por uma pulseira, trinta por um colar, vinte por uma echarpe, tudo apenas em dinheiro – contatei diretamente Jalia e Daniel, em Uganda, via e-mail, encomendando mais produtos. Joe e eu nos viramos para criar uma conta da Western Union para transferir dinheiro para eles, enquanto Jalia e Daniel se viraram para descobrir como encomendar matéria-prima, precificar suas peças e vendê-las para mim. Ao final de cada bazar, eu encomendava um estoque novo, exatamente do que eu tinha acabado de vender, e me ocupava em agendar meu próximo bazar, onde faria tudo de novo. Era um processo bem despojado, mas o que me faltava em infraestrutura, eu compensava em motivação.

Ao longo desses últimos sete anos, meu "negocinho de bijuterias" floresceu em uma próspera marca global de venda direta, que emprega mais de 4000 negociantes Noonday, nos Estados Unidos, e mais de 4500 parceiros artesãos em 20 países ao redor do mundo. Jalia e Daniel, que inicialmente viviam com menos de dois dólares por dia, agora pertencem à classe média de Uganda e empregam mais de trezentas locais, muitas das quais são mães solteiras.

Mais próximo de casa, a adoção do nosso filho Jack foi concluída, e ele agora é parte oficial da nossa família. Aos oito anos de idade, aquele menino cuidadoso e energético é um lembrete diário para mim do valor da coragem e da escolha de dizer sim aos grandes sonhos, mesmo quando o medo está batendo à porta.

Até começar essa trajetória Noonday, eu sempre igualava *coragem* à palavra *destemor*. Na minha cabeça, coragem descrevia pessoas como Martin Luther King Jr., que mobilizava uma multidão sempre que falava, apesar do perigo que a mobilização, inevitavelmente, atraía; bombeiros que correram para dentro das Twin Towers, em 11 de setembro, enquanto todos corriam para fora; mulheres que largaram seus maridos abusivos, sem ter ideia do que aconteceria a seguir. Coragem era *isso*, eu me dizia. No dia em que seguimos em frente com o processo de adoção, apesar do que dizia nossa conta bancária, ou na noite em que abri minha casa, para que, provavelmente, ninguém viesse, ou no dia em que empenhei minhas joias, não me senti uma heroína. E, no entanto, com o coração batendo na boca e as mãos trêmulas, aceitei o risco e segui em frente. Eu simplesmente fui, mesmo com medo.

A coragem imperfeita é o único tipo de coragem que eu possuía, mas, ainda assim, era coragem. Em vez de esperar o medo diminuir, fiz dele meu amigo. Porque quando você tem uma visão, não dá tempo de esperar que seus medos sumam, antes de começar a se mexer. Talvez a jornada do herói não seja para algumas pessoas corajosas, afinal de contas, mas é um convite para mim, para todas nós juntarmos nossa coragem e partirmos para fazer aquilo que estamos fadadas a fazer. Esta transformação alucinante – de deixar que o medo coloque você de lado, para escolher seguir em frente mesmo com medo – é o que lhe desejo. E, portanto, minha amiga, assim é meu livro: um livro de memórias em forma de mapa, para nos levar daqui para lá.

Vamos fazer isto em três partes, porque todas as melhores coisas vêm em três: Corona, sal, limão; manhã, tarde, noite; localização, localização, localização. Na parte 1, vamos realizar um tipo de avaliação interior, essa tarefa dolorosa, mas fundamental, que traz coragem para dentro das nossas vidas, de dentro para fora. Do que você tem medo e qual o preço desse medo para sua vida? Não estou aqui para lhe dizer para parar de ter medo; em vez disso, este livro é um guia para *seguir mesmo com medo*, não esperar que seus nervos e sua audácia se reconciliem. Mesmo assim, se decidirmos *ir*, temos que entender as coisas que estão nos segurando.

Na parte 2, exploraremos as maravilhas do companheirismo, bem como os perigos de seguir sozinha na nossa busca por uma vida que faça diferença, tanto para nós mesmas, quanto para um mundo em necessidade. Se você for do tipo cavaleiro solitário, vai detestar a parte 2, mas escute: não pule essa parte. Ela traz a chave que destrancará seu medo e lhe dará o poder para seguir em frente.

Por fim, na parte 3, eu pego meu apito de treinadora, acordando você, colocando você no jogo, insistindo (mas de um jeito encorajador) que você *traga tudo o que tem,* para essa vida que lhe foi dada, para produzir um impacto significativo em outras pessoas.

É hora de dar uma chance àquilo que faz você despertar para a vida, àquilo que você anda esperando a coragem para fazer.

PARTE UM

O PRIMEIRO PASSO

UM
ESCOLHA CORAGEM

*Coragem é estar morrendo de medo,
mas ainda assim selar o cavalo.*

John Wayne

É o verão de 2017, e nosso grupo acabou de chegar em Uganda, voltando ao lugar onde toda a Noonday Collection começou. Ouço a batida dos tambores à distância, e meu coração entra no ritmo dos percussionistas. Nosso grupo veio de todos os cantos dos Estados Unidos; empreendedoras sociais – na Noonday elas são chamadas de embaixadoras – que conseguiram algumas metas marcantes em vendas para chegar a este momento e, finalmente, colocar um rosto nos nomes dos artesãos que conhecem apenas por fotografias. A natureza surreal do momento me atinge no momento em que descemos da *van* na estrada de terra batida que leva às oficinas de adereços. É um percurso que, há sete anos, eu não poderia ter imaginado encolhida no meu quarto de hóspede, com nada mais que um punhado de colares feitos com contas de papel.

Esgueiro-me por trás do portão antes do restante do meu grupo e sou recebida por uma enxurrada de abraços apertados, saias farfalhantes e risadas felizes. Conforme as embaixadoras surgem e são envolvidas nesse desfile comemorativo, digo a elas que resistam à vontade de pegar seus celulares e fotografar. "Apenas se façam presentes!", insisto, erguendo a voz acima da música. Não quero que percamos um centésimo de segundo desta experiência.

Enquanto percorro os rostos familiares dos meus amigos artesãos – Mama Sham com seu sorriso absurdamente luminoso, Bukenya sempre com ar brincalhão no rosto, Latifa com seu sorriso ansioso, Caleb com seu aperto de mão vigoroso, Rosetta com o cabelo recém-cortado, Mama Jabal com um lenço sempre na cabeça e Nakato com a expressão tímida –, penso na longa jornada que trilhamos todas juntas. Sete anos atrás, eu não podia me imaginar começando um negócio que promoveria uma sororidade global. Meu pequeno negócio de adereços se tornou maior do que um dia pude sonhar.

***

Depois do primeiro bazar, as coisas realmente decolaram; as mulheres demonstraram um crescente interesse, fiz inúmeros outros bazares, e o negócio despontou como algo *real*. Passados alguns meses de trabalho, a demanda aumentou não apenas em Austin, mas em outras cidades pelo país. Comecei a sonhar com como seria exercer essa atividade com outras pessoas impactadas pela fome, como eu. Deduzi que se eu pudesse me multiplicar, então os negócios também se multiplicariam. Estava determinada a verificar se estava certa. Mas antes de ter uma chance de começar a recrutar, recebi um e-mail de uma mulher em Seattle, que tinha ouvido falar na Noonday por meio do *blog* de adoção de outra mãe. Ela escreveu:

> *Meu nome é Sara. Estou interessada em fazer um bazar da Noonday, mas também gostaria de saber se seria possível fazer mais do que isto. Estou interessada em trabalhar com a sua empresa para organizar bazares da Noonday na região de Seattle – ter uma renda para a adoção da minha própria família, ajudar outros a levantar fundos e fazer diferença na vida das mulheres de Uganda e ao redor do mundo. Como você, tive a oportunidade de viajar e de ser voluntária em vários lugares, tais como Argentina, Guatemala e Paquistão. Sou apaixonada pelo modelo de negócios que não se limita ao lucro e ficaria animada em trabalhar com a sua empresa.*
>
> *Você estaria interessada em conversar mais a respeito disso?*

Bom, é, estaria...

Sara e eu começamos a trocar e-mails, explorando um modelo de compensação para esse acordo repentino, e, em cerca de dois meses, ela se tornou a primeira embaixadora da Noonday Collection, organizando o primeiro bazar da Noonday fora do Texas.

Minha visão estava começando a se espalhar, e, logo, mais mulheres se dispuseram a abrir seu próprio negócio Noonday. Sem perceber, elas tinham se tornado as primeiras embaixadoras oficiais da empresa. Nos sete anos seguintes, a Noonday Collection cresceria a ponto de incorporar parceiros artesãos na Guatemala, na Etiópia, no Quênia, em Ruanda, no Equador, no Peru, na Índia, no Vietnã, no Nepal, no Afeganistão e mais; acrescentaríamos embaixadoras em cada estado dos Estados Unidos e venderíamos quase dois milhões de acessórios, encaminharíamos mais de seiscentos mil pedidos e levantaríamos mais de meio milhão de dólares para famílias adotivas, por meio de bazares para angariar fundos de adoção, que continuamos a organizar até hoje.

***

Em Uganda, enquanto vejo minhas amigas artesãs dançarem, reflito sobre como Jalia e eu estávamos esperançosas, sete anos antes, em relação às possibilidades dessa pequena empreitada; contudo, eu estava ciente, então, que cada uma de nós tinha assumido sérios riscos para que essa empreitada se realizasse. Embora a ideia tivesse ganhado força, para falar a verdade, a maior parte do tempo eu me sentia profundamente incapaz de assumir a liderança. Embora estivesse apaixonada pelo sucesso do meu negócio, continuava com muito medo. Imaginava se o resultado seria um fracasso ou um sucesso e passava muitas noites acordada, me preocupando com as duas possibilidades. O fracasso significaria a perda do ganha-pão e, talvez, um desperdício de todo aquele tempo e esforço. O sucesso significaria mais responsabilidade e uma mudança dramática na maneira como eu empregava meu tempo – menos Play-Doh e mais PowerPoint. Será que eu era realmente qualificada para tocar uma empresa global? Meu currículo respondia com um enfático não. Seria capaz de ser uma mãe cuidadosa e atenciosa e, ao mesmo tempo, comandar a empresa?

Durante esse período de incerteza, do outro lado do mundo, Jalia também tinha feito um ato de fé em nossa parceria, contratando seus primeiros funcionários, todos eles pessoas que viviam em extrema pobreza e cujo sucesso eu me sentia responsável. Era dolorosamente claro para mim que, se eu falhasse nessa empreitada, haveria mais coisas em risco do que apenas meu sucesso pessoal. Em momentos de desespero, esse único pensamento me impediu de desmoronar. Ele alimentou minha sincera crença e reforçou minha determinação de que nada me impediria de construir aquilo que eu estava criando, nem o desespero financeiro, nem a exaustão de ser (até então) "mãe de duas crianças com menos de três anos", nem o cinismo da venda direta, nem *qualquer* tipo de probabilidade desfavorável. Se era para eu fazer aquilo, não dava para esperar que meus medos se dissolvessem. A coragem me colocou contra a parede e acabei por aceitar seu desafio, independentemente de qual pudesse ser o custo disso.

***

Um dos meus pensadores e mentores preferidos, Andy Crouch, tem um ditado que minha família adotou: "A única coisa que o dinheiro pode comprar é plástico-bolha"[1]. O sentimento de Andy é dirigido, sobretudo, a norte-americanos, que, tendo nascido aqui, estão entre os mais abastados do mundo. A opulência e o privilégio podem ser usados para fins incrivelmente bons – e espero que no final deste livro você tenha despertado para o poder que seu privilégio pode exercer – mas também pode nos isolar das melhores (e piores) coisas que a vida pode nos apresentar. Sei que ter nascido em um bairro abastado, de pais brancos e com recursos, com certeza me afastou da realidade do racismo, da pobreza e das injustiças enfrentadas por muitas pessoas em todo o mundo, diariamente. Por mais que Joe e eu estivéssemos nos sentindo quebrados durante nossa derrocada imobiliária e durante o percurso de adoção, não estávamos vendendo nossa tão preciosa Bíblia encadernada para conseguir dinheiro para a única refeição que nossa família teria naquela semana, algo que Jalia e Daniel tiveram que fazer uma vez.

Sempre fui apaixonada por *seguir em frente* na vida – sair da minha zona de conforto, avançar em meio aos meus temores, *seguir mesmo com medo*. E, no entanto, até eu reconheço que existem inúmeros benefícios em ficar parada: conforto, segurança e sofás aveludados, para citar alguns.

Veja a Netflix, por exemplo. Existe algo mais gratificante do que se enfiar em um sofá confortável, o controle remoto em uma das mãos, o *smartphone* na outra, assistindo à maratona de *Friday Night Lights* e dando uma olhada nos *feeds* da sua rede social? Conforto. Proteção. Segurança. Concordância. Chame isso de "o canto da sereia da poltrona reclinável". Quando estamos sentados, é impossível cair, você não concorda? Meus próprios filhos, por mais que possam ser propensos a se acidentar, nunca quebraram um braço vendo TV.

É tentador embrulhar nossas vidas num plástico-bolha. Camadas e mais camadas de proteção significam que permaneceremos inteiros até o final. Nós nos embrulhamos em medo, em isolamento, em taças de vinho noturnas ou em nosso querido *feed* do Instagram. Evitamos assuntos reais, que envolvam pessoas reais, que vivem no mundo real, porque *E se eu me machucar?* E, no entanto, o que esta estratégia rende para nós? Uma vida de tédio, falta de impacto, morte espiritual.

"Em meio a uma segurança nunca antes vivenciada pelo mundo", Andy escreveu, "o maior esforço espiritual enfrentado por muitos de nós é estar disposto a nos livrar do nosso plástico-bolha"[2].

Sabemos que, do lado de fora da nossa casa, algo muito mais compensador está à espera. Mas em vez de irmos atrás dos desejos do nosso coração, gastamos nossa energia num modo de defesa, tentando evitar decepções, traições e dores. Algo em nós se agarra a esses lugares de segurança e dificulta que fiquemos em pé, mesmo que algo mais profundo dentro de nós deseje se levantar para finalmente progredir.

Aqui no sofá, você e eu, é impossível darmos um passo em falso. É impossível quebrarmos um dos membros aqui. É impossível nos envergonharmos.

E, no entanto... (Aqui é onde eu posso, gentilmente, puxar aquele seu cobertor confortável.) Bem lá no fundo, sabemos que fomos feitos para algo a mais.

***

Minha motivação inicial para escrever este livro dependeu de uma única ideia: Tem um mundo todo lá fora implorando para que usemos a oportunidade que nos foi dada para criar oportunidade para os outros, de modo que nós – *todos nós* – possamos florescer. Assim, embora o conforto possa acenar para nós, escolher a coragem sempre será a estrada para o impacto.

Quando saímos pela primeira vez da nossa zona de conforto para abraçar nosso mundo expandido, uma pequena, mas significativa, revolução acontece dentro de nós, uma vez que injustiças, antes invisíveis, se justapõem à realidade do plástico-bolha. Mesmo agora, quando relembro o dia em que meus olhos adolescentes se abriram, pela primeira vez, para a dura realidade enfrentada por tantas pessoas em nosso mundo, consigo sentir novamente o peso disso me atingindo, como se eu estivesse mergulhando em água gelada depois de ter passado toda a minha vida confortavelmente aquecida.

Quanto eu tinha 15 anos, me inscrevi como voluntária em uma viagem ao Quênia, com a minha igreja. Ali, no leste da África, eu testemunharia os obstáculos enfrentados por muitas pessoas vivendo na pobreza e veria, sob nova perspectiva, a quantidade de recursos que eu tinha à minha disposição. Quando cresci, muitos adolescentes ganhavam carros novos no 16º aniversário, amigos passavam os finais se semana dirigindo em seus 4×4 pelas fazendas que tinham sido herdadas, por gerações, no Texas, e a vida transcorria em torno dos eventos sociais da Fiesta de San Antonio. Era algo muito diferente do que eu via no Quênia. Meu mundo estava prestes a ser abalado.

Quando o grupo da minha igreja aterrissou em Nairóbi, assimilei a cidade agitada. Em meio ao ambiente atordoante, destacou-se para mim a imagem de uma mulher, sendo impossível não perceber o contraste dos seus olhos vivos. Tendo como pano de fundo uns barracos empoeirados e puxadinhos com telhados de metal ondulado, um por cima do outro, até onde a vista alcançava, havia um conjunto de prateleiras de madeira improvisadas, mantidas firmes por galhos de árvores serrados que sustentavam uma lona bem gasta. Colocados precariamente nessas prateleiras, mas com firme propósito, haviam cestos de frutas e vegetais – tomates, bananas, abacates, mangas, batatas e repolhos –, seus tons vibrantes chamando minha atenção.

Uma das minhas amigas quenianas me explicou que aquela mulher era uma nova comerciante e que sua barraca movimentada se tornara viável mediante a um empréstimo de microcrédito que ela tinha recebido há pouco tempo. Obviamente, seu marido, um homem abusivo que bebia qualquer ganho que trouxesse para casa proveniente de bicos, não estava sustentando os filhos. Então, ela decidiu agir por conta própria. Imediatamente, senti-me inspirada pela atitude daquela mulher. Embora nossas vidas e motivações fossem muito diferentes, eu também tinha um comichão empreendedor. Das barracas de bijuteria que montei quando menina, onde vendia minhas bandanas-tiara, feitas à mão, e brincos, aos simples acampamentos de um dia que promovi durante o *junior high*, em meu bairro, para alunos do ensino básico, sempre me senti atraída pela ideia de multiplicar quaisquer recursos que tivesse em muito mais. E aquela mulher pegou o que lhe havia sido dado e estava lidando com aquilo da melhor forma, transformando simples frutas e vegetais em empoderamento econômico.

Aos quinze anos, eu não teria acreditado se me dissessem que, um dia, eu voltaria àquelas mesmas ruas, adulta, oferecendo oportunidades empreendedoras para outras quenianas que moravam em favelas. O fato de a Noonday atualmente ter parceria com 85 talentosos trabalhadores de metal em Nairóbi é um dos mais doces acasos que já conheci. E é um maravilhoso lembrete de que você e eu podemos lançar mão dos recursos que recebemos e investi-los para o bem neste mundo. Sim, tais investimentos terão um custo: conforto, segurança, controle, mas o impacto não resulta de quem se instala no sofá, certo? Ele vem daqueles com coragem imperfeita, que escolhem seguir mesmo com medo. Da mesma maneira que uma criança aprende a andar andando, conseguimos caminhar com *coragem* apenas quando ficamos em pé e *caminhamos*.

DOIS

LEVANTE-SE

*Às vezes, o lugar com o qual você está acostumada
não é o lugar ao qual você pertence.*
Katende, em *Queen of Katwe*

Apesar de uma conta bancária decrescente e várias casas sem vender no mercado, Joe e eu entramos de cabeça na adoção internacional. Sabíamos qual seria o resultado: nosso terceiro filho. Só não sabíamos como íamos custear esse desenrolar dos acontecimentos. Imagino que fé seja isso, e, para nós, exercê-la era tão empolgante quanto apavorante.

No final, o dinheiro apareceu sob a forma de faturamento da Noonday e cheques generosos de amigos que desejaram apoiar nossos esforços de adoção, e agora nos encontrávamos em Ruanda, prontos para finalizar a adoção de Jack. Quaisquer que fossem as preocupações que tínhamos em relação às finanças ou à logística foram eclipsadas pela única peça que faltava no nosso quebra-cabeça de aumento da família: obter uma decisão oficial de um juiz do país. Obviamente, não éramos o único casal a desejar essa declaração; na manhã em que nos apresentamos nas modestas dependências do juiz, fomos conduzidos ao escritório quente e pouco iluminado junto com seis outras famílias, nossos estômagos se revirando, todos nós temendo adiamentos.

A sensação de medo que nos acompanhou tinha nos seguido o tempo todo. Um ano antes, recebi um e-mail de Jennifer, minha intermediária na adoção, que se tornou minha amiga, dizendo: *Jessica, ainda não tenho todos os detalhes, mas você precisa despachar sua papelada ruandesa... Já.*

É claro que as autoridades responsáveis de Ruanda decidiram recusar todos os novos requerimentos de adoção, e, assim, todos os pedidos que não fossem recebidos em 48 horas seriam negados. Quando esses dois dias tinham passado, a nova decisão entraria em vigor, e as famílias que não tivessem conseguido se virar com a rapidez necessária ficariam segurando apenas seu formulário de adoção de 2,5 cm (o que os pais adotivos conhecem como *dossiê*) e uma esperança não realizada. Pior ainda, as crianças à espera de famílias teriam que continuar esperando.

"Temos que ir até as autoridades em Austin, e, em seguida, ao gabinete de Clinton (Hillary, então secretária de Estado), em Washington", expliquei freneticamente a Joe, quando ele perguntou o que *despachar* implicaria. Precisávamos de assinaturas, montanhas de assinaturas, confirmando isto, autenticando aquilo, aprovando nosso requerimento por completo, mas segundo o que escutávamos das pessoas que estavam por dentro, nossas chances eram mínimas.

"Washington também está recusando a papelada", Jennifer nos contou. "Eles estão sobrecarregados, assim como todo mundo. Não sei se vão aceitar seu dossiê, mesmo que seja entregue pessoalmente." Com esta notícia, lágrimas escorreram pelo meu rosto. Joe e eu já tínhamos investido demais: orações, tempo, dinheiro e coração... Tudo terminaria assim?

Joe é tão firme quanto possível; nunca se irrita, raramente é impulsivo, quase sempre é equilibrado, sobretudo quando o risco é alto. Olhou para mim com um olhar determinado e disse: "Então vamos pra Washington. As coisas aqui estão sob controle, *babe*." E, com isso, veio uma onda de esperança.

Em uma hora, eu tinha colocado nossos dois pequenos dentro do carro e corrido até o centro de Austin para conseguir assinaturas específicas em linhas pontilhadas, enquanto Joe comprava uma passagem de última hora para Washington, para que eu também pudesse solicitar assinaturas de autoridades de lá. A adrenalina disparou enquanto eu me apressava naquele dia e manteve meus medos à distância. Mas quando, finalmente, entrei no avião para Washington, o medo veio e me encarou diretamente.

Fazia anos que eu não pegava um táxi sozinha, então liguei para uma velha amiga para ver se ela poderia me dar uma carona do aeroporto. Senti medo de viajar de táxi sozinha. Entrei no metrô de Washington e tive certeza de que nunca descobriria a estação certa para descer. Uma mulher ao meu lado percebeu minha ansiedade e me ofereceu ajuda. Acabou me levando até as repartições governamentais certas. Ao chegar, tive certeza de ter perdido a chamada do meu número. O medo sempre parece surgir nos momentos mais inoportunos. *Apenas foque na próxima coisa que você precisa fazer*, disse a mim mesma. *Um pé na frente do outro, um passo de cada vez. Fique parada. Mexa-se. Continue andando, Jessica... Continue andando mesmo com medo.*

Por fim, cheguei à embaixada de Ruanda munida de algumas frases em quiniaruanda e algumas delícias da loja virando a esquina (porque se você vai pedir um favor para alguém, uns *donuts* nunca caem mal). Havia várias outras famílias ali, pessoas esperançosas que também tinham saltado para dentro de aviões, para entregarem suas papeladas. Conversei com várias delas, escutando suas histórias, desejando que tudo desse certo, mas, sinceramente, minha atenção estava fixa em uma coisa: será que eu e Joe conseguiríamos adotar?

Depois de um dia todo acampada na embaixada, os funcionários de lá me disseram que tinham carimbado nossos documentos e que, milagre dos milagres, logo eles estariam a caminho de Ruanda. Soltei o mais longo suspiro de alívio enquanto distribuía agradecimentos a todos que eu via e fui para casa. Afastei meus medos e venci o primeiro obstáculo.

Mal sabia eu que as complicações envolvendo uma adoção internacional tinham apenas começado.

***

Quatorze meses depois, Joe e eu recebemos o tão esperado telefonema de Jennifer: "Você estão em frente a um computador?", ela perguntou. "Quero apresentar uma pessoa pra vocês." Chamamos nossas duas crianças e contamos a ela que era hora de conhecerem seu irmão. Joe clicou no anexo que Jennifer havia nos mandado, e lá estava nosso garotinho. Com olhos em formato de amêndoa, lábios carnudos, tinham-lhe dado o nome de Jacques, e acabaríamos chamando-o de Jack, um nome de família que pertencia ao seu bisavô. Jack Honegger... Logo ele seria nosso.

Duas semanas depois dessa ligação, peguei o voo para Ruanda, para a última etapa do processo: tornar Jack legalmente nosso filho. A essa altura, a maior parte do que eu conhecia de Ruanda era por meio de um filme, de 2004, *Hotel Ruanda*, e uma pilha de livros que tinha lido, mas quando o avião tocou na terra de mil colinas, meu coração se sentiu em casa.

Jennifer me esperava, junto com Joe, que tinha viajado antes, e Norbert, o advogado ruandês que havíamos contratado. Ao receber meu abraço exagerado, ele me deu beijos ternos nas duas bochechas. Na maior parte do tempo, Joe e eu ficamos em um abafado departamento do governo, abrindo mão de nossas vidas, ao que parecia. E, então, fomos até o orfanato. Finalmente, era hora de conhecer nosso menino.

O medo voltou com tudo na noite anterior ao meu encontro com Jack. *Será que essa criança vai me querer? Estarei tirando-a da sua cultura e do seu povo? Sentirei amor? Ela sentirá amor?*

Joe e eu ficamos no pátio do orfanato com as palmas das mãos suadas e o coração acelerado. A superiora das Missionárias da Caridade nos contou que Jacques estava vindo. Avistei uma mulher com hábito de freira vindo em nossa direção, segurando pela mão um lindo menininho de dois anos e meio. "É ele?", perguntei, não querendo me aproximar da criança errada. Afinal de contas, havia outras crianças à espera. Mas aquele garotinho, de fato, era o nosso Jack.

Estendi os braços para ele, e, como ele me deixou pegá-lo no colo, pensei que meu coração fosse explodir. Toda a espera, as orações, as renúncias, as agitações, os anseios e as noites insones... A espera daquilo tudo... O encanto de tudo aquilo, e agora ali estava aquela criança em meus braços. Mãe e filho, nascido não do corpo, mas da alma. Era estranho e era maravilhoso; pleno de uma conexão instantânea e de uma hesitante curiosidade, de certeza e dúvida. Há uma coisa, sem dúvidas, milagrosa nesse primeiro encontro entre mãe e filho nascido por adoção. Naquele dia, eu vivia um milagre.

Jack se escondeu de Joe, sinalizando que, talvez, não estivesse pronto para o abraço de um homem. Joe simplesmente colocou a mão em suas costas e então nós dois choramos, rezamos e transbordamos de gratidão e alegria.

Na manhã seguinte, nosso primeiro dia juntos fora do orfanato, fomos a um restaurante local, onde Jack se pôs a devorar uma porção de ovos destinada a um homem adulto. Sem saber que ele tinha os olhos maiores do que a barriga, simplesmente deixamos que se empanturrasse. Depois da comida, enquanto eu o erguia para o portador de bebê nas minhas costas, o garotinho despejou o almoço "grande demais para sua barriga". Com vômito no cabelo e pingando pelas minhas costas, senti-me, oficialmente, *mãe* de Jack. Agora ele era meu, e tudo que faltava para que ele pudesse passar a noite fora do orfanato era uma declaração oficial de um juiz. No dia seguinte, Norbert nos encontrou usando a toga preta tradicional de advogado, exigida para o comparecimento em corte.

Quando o juiz entrou na sala, e com um olhar inexpressivo assumiu seu lugar atrás da mesa, olhei à esquerda e à direita, desesperada para saber o que as outras famílias, as que estavam ali pelo mesmo motivo que nós, pensavam. Será que o juiz acharia que Joe e eu éramos merecedores de cuidar de uma criança que lhe era semelhante, tinha a sua língua e a sua cultura? O juiz tinha mais de dois metros. Eu não estou lhe contando uma reinterpretação da memória; tenho foto para provar.

Nosso desorganizado grupo o acolheu, ao passo que um silêncio nos inundava como uma onda. Muitos minutos silenciosos se passaram, enquanto eu pensava no que fazer. Alguém precisava se pronunciar, mas quem? Senti borboletas dentro de mim, enquanto refletia sobre cada uma das pesquisas sobre Ruanda que eu tinha feito no Google, antes de deixar os Estados Unidos. Aquela em que eu não tinha pensado em entrar: "Protocolo Judicial de Ruanda". Seria apropriado para mim, uma estrangeira, e uma estrangeira mulher, nesse caso, me levantar e me manifestar, assumir a situação? Ou a resposta certa seria simplesmente aguardar com calma, sem choramingar, principalmente quando o barco pertencia a alguém tão intimidante e alto? Os riscos eram tão grandes que eu não poderia me permitir dar um passo em falso ali. Precisava de coragem e precisava dela *agora*.

Eu já havia estado nessa encruzilhada dezenas de vezes antes, minha grande boca do Texas rigorosamente silenciada pelo meu educado coração de garota sulista. Minha mãe havia me apelidado de *lo mismo*, o que significa "o mesmo", em espanhol, por causa da semelhança que eu tinha com meu pai, um gregário bólido em forma de ser humano. Um empreendedor sempre disposto a aventuras, deduzi que meus passos seguiriam os dele. Ao mesmo tempo, minha mãe era a acolhedora pacifista da nossa casa, e uma menina não deveria seguir o exemplo da mãe? No lugar onde cresci, com certeza era isso que se esperava. Para mim, isso deveria significar me formar na *high school*, ingressar em uma república estudantil feminina e voltar para casa na época das debutantes, onde deveria comparecer a festas semanais para tentar encontrar um marido cuja carreira eu, então, apoiaria fervorosamente.

Ao conversar sobre esse assunto com minha mãe, com o propósito de escrever este livro, ela sorriu intencionalmente e me perguntou se eu lembrava como, pouco antes do meu pai chegar em casa do trabalho, diariamente, ela limpava freneticamente as pilhas de fitas, flores de seda e arame para a formação de guirlandas, daquele trabalho que ela tinha começado a fazer. Isso era feito em deferência aos seus deveres domésticos, que reinavam acima de tudo. Na verdade, os dedos da minha mãe, queimados pela pistola de cola, permitiram que nós, filhos, fizéssemos os "extras" na vida, como tirar férias de verão e ir para acampamentos, mas seus esforços eram tratados como meras distrações de sua prioridade máxima: cuidar da nossa casa. Sempre que meus pais, meu irmão e eu saíamos para jantar, a refeição, invariavelmente, terminava com mamãe nos lembrando de agradecer ao papai por nos proporcionar aquilo. Mas ela também não tinha ajudado? Nunca nos ocorreu agradecer também à mamãe. A mensagem oculta aqui era difícil de não perceber: uma esposa respeitável não trabalhava "fora", e não havia nada mais importante do que ser uma esposa respeitável. A maioria de nós captava esse poderoso paradigma desde cedo.

Se você for como eu e tiver lecionado em escola, então, talvez, tenha percebido que os meninos levantam a mão com muito mais frequência do que as meninas. Em geral, as meninas no grupo esperam ser chamadas, esperam para ter certeza de que têm a resposta certa, esperam, esperam, esperam. E, talvez, o mais trágico disso tudo seja que essa insegurança em se fazer ouvir, em ser percebida *além da conta*, continua quando elas crescem.

Um estudo recente[3] descobriu que quando as mulheres são minoria em um grupo onde todos os participantes são convidados a expor suas ideias na resolução de um problema, elas falam *75% menos* do que os homens. As meninas, e depois as mulheres, recebem inúmeras dicas para serem humildes, educadas e não chamar atenção, então, esses números não causam surpresa. Também não é surpresa que, ali, no gabinete do juiz ruandês, eu tenha ficado num impasse. Deveria ficar quieta, como minha mãe, ou tomar as rédeas, como meu pai? Mesmo com a dúvida me pressionando, senti uma nova espécie de emoção que me forçou a não arredar pé.

Essa experiência em Ruanda me lembrou que, não obstante aqueles avisos internalizados sobre tomar cuidado e ser discreta, há horas em que cada uma de nós é chamada para usar a única vida que nos é dada para arriscar com vontade e agir com ousadia em nome de alguma coisa, ou de alguém que valorizamos. Recusar-se a agir simplesmente não é uma opção; *temos* que seguir em frente. Talvez convidar aquela colega calada para almoçar a ajude se sentir reconhecida. Talvez nossa simples presença conforte uma amiga deitada numa cama de hospital. Talvez um rápido, mas sincero, *Vai dar certo, mulher,* no Facebook, tranquilize uma amiga. Talvez comparecer àquela reunião informativa sobre adoção temporária mude nossas vidas para sempre. Talvez nossa chegada oportuna confirme àquele ente solitário que estamos do seu lado, de verdade. Qualquer que seja a situação, sabemos que é chegada a hora de comparecer.

***

Lancei a possibilidade de poder ser embaixadora da Noonday, para dar às mulheres daqui dos Estados Unidos um meio de se erguer. Como empreendedoras sociais, as embaixadoras ganham uma renda, ao mesmo tempo que provocam um impacto nos artesãos que vivem em comunidades vulneráveis. Sim, trata-se disto e mais ainda. Entrar no empreendedorismo tira você da sua zona de conforto de uma maneira que, embora seja assustadora no início, transforma você em uma pessoa para quem se afirmar passa a ser um ato reflexivo. Como embaixadoras, as mulheres em nossa comunidade têm a chance de definir o empreendedorismo em seus próprios termos. Elas administram seu próprio negócio flexível, formando parcerias com donas de casa em suas comunidades, para a organização de bazares em suas casas – reuniões onde mulheres se juntam para se atualizar em moda, compartilhar histórias, comprar.

A recompensa para essas mulheres apaixonadas vai bem além da renda que recebem: provocar um impacto significativo diretamente de onde estão, empoderando mulheres e ajudando-as a se sentir confiantes e lindas, provendo suas famílias e, mais, fazendo aquilo que amam, crescendo como líderes de outras e de si mesmas e muitíssimo mais. Para atingir esses objetivos, as embaixadoras precisam se arriscar a ficar desconfortáveis, deixar uma vida de segurança por uma vida de vulnerabilidade. Precisam se tornar corajosas. Precisam se erguer.

Exatamente como eu acabaria tendo que superar minha ansiedade quanto a ser "demais", as pessoas que ingressam na comunidade de embaixadoras da Nooday precisam superar seus próprios medos e inseguranças para dizer sim. E, como eu, muitas delas compartilharam que fariam tudo de novo, num piscar de olhos. A satisfação que sentiram por se arriscarem valeu a frustração, o receio e qualquer sentimento de dúvida que tenham tido.

***

Recentemente, conversei com Brandi, embaixadora da Noonday há muito tempo, sobre o que a impediu de finalmente entrar de cabeça. Brandi teve dois filhos, depois de passar anos lutando contra a infertilidade, e só depois de se tornar mãe percebeu que tinha posto a ideia de maternidade em um pedestal. "Não foi nada como eu pensei que seria", ela disse, durante nossa conversa. "Cheguei ao ponto onde todo o meu mundo girava em torno de perseverar no treinamento do uso do pinico, lidar com problemas comportamentais de um bebê que começa a andar e descobrir maneiras de conseguir dormir mais."

Brandi descobriu a Noonday e adorou nossa proposta, mesmo tendo ficado apavorada com dar o salto e se tornar nossa embaixadora. "Era medo, puro e simples", ela me contou – medo que ninguém viesse para seus encontros, medo de nunca ganhar um centavo, medo que essa coisa fosse um fracasso colossal, medo que seus amigos a vissem como uma praga. Brandi levou seis meses para tomar a decisão de se juntar ao time de embaixadoras da Noonday e, mesmo assim, quase não deu certo.

Ela decidiu que a única maneira de se tornar embaixadora seria se não houvesse nenhuma outra atuando em sua cidade, Cary, na Carolina do Norte. Ela era uma iniciante nessa coisa toda e se preocupava em ter que competir com outras mulheres, em Cary, na realização de bazares e nas encomendas.

Na época em que Brandi pensava em se envolver com a nossa equipe, entrei em contato, via telefone, com embaixadoras em potencial. Liguei para Brandi na época em que tínhamos combinado e enquanto estávamos nas preliminares da nossa conversa, perguntei: "Onde é que você mora mesmo?".

Ela disse: "Em Cary, na Carolina do Norte", o que me pareceu irônico, considerando outro telefonema que eu tinha tido naquele dia. "Curioso", eu disse a Brandi. "Justo hoje de manhã, falei com outra moça interessada na oportunidade de ser nossa embaixadora. Ela também vive em Cary."

Mal sabia eu que estava confirmando uma negativa para Brandi, que ficou arrasada ao me ouvir dizer isso. *Bom, aí está a minha resposta*, ela disse consigo mesma, enquanto fiquei ali, alheia, do outro lado da linha. *A Noonday simplesmente não é pra mim...*

Por sorte, ela não encerrou a ligação. Já tinha feito a parte mais difícil de qualquer mudança, que é se levantar e dizer: "Estou pronta". (Ou, pelo menos, "Estou pronta para ficar pronta".) Brandi se manteve firme naquela ligação, deixou que seu coração se abrisse à ideia de que a Noonday poderia ser seu *ticket* para deixar de lado as preocupações com bebês em período integral e entrou de cabeça na abertura do seu negócio, agendando suas amostras e não apenas levantando seu próprio ânimo, como também, a cada venda que fazia, o ânimo de mulheres no outro lado do mundo. A outra embaixadora morava a poucos quarteirões dela. As duas acabaram ficando muito amigas.

Num verão, Brandi saiu ainda mais da sua zona de conforto, indo para Uganda como membro de uma viagem de embaixadoras. Essas viagens criam a oportunidade para que as mulheres conheçam os artesãos que são seus parceiros, e aquela era a primeira ocorrida em Uganda. Brandi queria que a experiência funcionasse como um impulso, um desafio para mudá-la, disse. "Se fosse para eu me afastar de minha família por uma semana", ela me contou, "então, queria que esses dias *fizessem diferença*".

E fizeram para todo o sempre. Foi em Uganda que Brandi aprendeu a parar de passar o megafone para o seu medo, para deixá-lo gritar em seus ouvidos. "Eu não fazia ideia de como estava travada", ela disse. Dançar e cantar com sua família africana, ficar acordada até tarde com suas novas amigas embaixadoras e se aventurar na mata, em um safári, sem os filhos e o marido ao lado, ajudaram-na a reivindicar partes da sua identidade que, havia muito, estavam enterradas. "A Noonday despertou em mim aspectos que eu nem sabia que tinha", ela me contou, "e serei eternamente grata por ter dito sim".

Esse tipo de vivência exige que reunamos cada grama de nossa coragem, ainda que ela possa parecer insuficiente, e mergulhemos em meio aos nossos medos numa vida de riscos e recompensas. E, no entanto, no final, vale muito a pena. Sei disto porque tive que viver isso repetidas vezes ao longo desta trajetória da Noonday – e não com uma consequência menor do que na sala daquele juiz imponente que tinha o futuro da minha família em suas mãos.

***

Os advogados ruandeses que estavam ajudando a nós, futuros pais adotivos, acreditavam que, considerando a hora e as circunstâncias, era impossível o juiz conceder uma decisão oficial naquele dia. Aquela era uma notícia problemática, porque qualquer tipo de adiamento – mesmo por um dia – colocaria nossos pedidos em perigo e exigiria que despendêssemos de um dinheiro que não tínhamos, para mudar nossas passagens de avião e os planos de viagem.

Sem saber o que mais poderia ser feito, nosso grupo, exausto, se juntou para rezar. Depois, voltamos para o gabinete do juiz, onde imaginamos que seríamos sumariamente dispensados. Ao nos aproximarmos da sua mesa, refleti, sob nova perspectiva, sobre tudo o que estava em jogo. Por um lado, havia tudo que tínhamos investido pessoalmente para chegar àquele momento decisivo: todo o planejamento, toda a documentação, todos os preparativos, todas as orações. Mas mais do que isso, percebi que o que estava em jogo era muitíssimo mais do que meu investimento pessoal. Se eu fincasse pé agora, isso permitiria que Jack se afirmasse e adentrasse em uma história de família e de pertencimento. Se eu ficasse calada agora, Jack passaria um tempo desnecessário no orfanato, com a data de adoção cada vez mais prolongada. Engoli minha insegurança e dei um passo à frente, sinalizando minha intenção de falar. Minha mente disparou, enquanto eu buscava a coragem para falar o precisava ser dito.

Meus pensamentos se voltaram para uma história que eu tinha ouvido a minha amiga artesã, Jalia, contar, apenas dois dias antes. Para situar o contexto, àquela altura eu ainda não conhecia Jalia, nem Daniel, pessoalmente. Nosso relacionamento, embora cada vez mais profundo, fora construído à base de e-mails. Mas considerando o quanto Joe e eu estaríamos próximos de Uganda, ao nos dirigirmos para a terra natal de Jack, não podia perder a oportunidade de conhecer o casal responsável pelo sucesso prematuro da Noonday, e que havia desempenhado um papel tão vital ajudando a financiar a adoção de Jack. Enquanto Joe deixava nossos dois filhos com os pais dele, fui para Uganda dois dias antes com minha amiga Wynne, que iria fotografar nossa jornada no leste da África.

Ao chegar em Uganda, fiquei aliviada ao descobrir que Jalia e Daniel eram mesmo pessoas de verdade. Antecipando minha visita, eles haviam pegado um carro emprestado para me buscar no aeroporto, e depois de nos acomodarmos na casa de que os dois tomavam conta na época, Jalia e eu folheamos as revistas de moda que eu havia levado, conversamos sobre nossos filhos e tivemos conversas, até tarde da noite, que pareciam percorrer um milhão de assuntos. Um comentário feito por ela ressoou em mim mais do que todo o resto. Perguntei quais eram seus planos para o futuro, e ela respondeu: "Quero, simplesmente, viver e não morrer. A maioria dos ugandenses morre antes dos 55 anos. Jessica, eu quero *viver*".

Durante aquela primeira visita, ficou claro que Jalia ainda estava atolada num lamaçal de pobreza e dúvidas, incapaz de se levantar, muito menos de correr em direção aos seus sonhos. Ela e Daniel não tinham casa, nem carro; viviam precariamente. Na verdade, sua filha, Zoe, teve malária durante a minha visita e eu mesma pude observar que eles não tinham nem como ir ao hospital, nem como pagar pela consulta, ao chegar ali. A energia de Jalia estava sendo gasta na mera sobrevivência. Era preocupante testemunhar aquilo, e fiz o que pude para ajudar, enquanto estive lá.

Jalia tornou a me contar o quanto minhas pequenas encomendas, aparentemente insignificantes, tinham possibilitado à família matricular as crianças na escola, colocar comida na mesa e empregar mais sete artesãos de sua comunidade. "Você nunca vai saber o quanto somos agradecidos", Jalia me disse, deixando-me ali, parada, muda e atônita.

Na época, nossa parceria era frágil, na melhor das hipóteses. Seria essa Noonday sequer viável? Eu ainda não tinha conseguido me pagar e continuava trabalhando em um *closet* na minha casa. Tinha minhas dúvidas se deveria pôr todos os meus ovos nesse cesto improvisado e se meus próprios sonhos de administrar um negócio de sucesso e impacto poderiam, algum dia, se tornar realidade. No entanto, quando vi o quanto estava em jogo para Jalia e sua comunidade, e o quanto já havia mudado ao longo de nossa curta parceria, percebi que não poderia ficar sentada. Não poderia me dedicar a isso pela metade, enquanto ficava de olho na saída de emergência. Tinha que me levantar e pôr fé nesse negócio em expansão, de modo que Jalia, Daniel, Latifa, Mama Sham e Bukenya também pudessem se erguer.

Enquanto Jalia contava sobre todas as maneiras com que nossas encomendas contribuíram para que ela assumisse o papel de empreendedora, encarei-a nos olhos e instantaneamente fiquei ávida por *mais*: mais embaixadoras, mais bazares, mais impacto, mais sucesso. Se pudéssemos criar uma oportunidade para Jalia, apenas criando um mercado na América disposto a pagar um preço justo por suas peças, não poderíamos fazer a mesma coisa para milhares de outras pessoas?

A realidade era que, num país cuja taxa de desemprego atinge oitenta por cento, algo simples como um trabalho pode revolucionar profundamente a vida. Com um trabalho, famílias são alimentadas; com um trabalho, famílias são educadas. E, o que era mais relevante para mim enquanto ficava parada em frente ao juiz ruandês, com um trabalho, as famílias podem *ficar juntas*. Mães se deparam com a absurda decisão de deixar um, ou todos os seus filhos, em um orfanato, porque não têm meios para cuidar deles.

Na verdade, em todo o mundo, inúmeras crianças se encontram em orfanatos porque seus pais – normalmente, mães solteiras – simplesmente não podem arcar com a alimentação e o cuidado delas. Obviamente, eu sabia que a adoção de Jack, por si só, não alteraria a crise de órfãos, mesmo que fosse alterar algo fundamental dentro de mim. Levar Jack para casa exigiria músculos de coragem e tenacidade que eu jamais havia flexionado. Levar Jack para casa me obrigaria a trabalhar pelo empoderamento de famílias pelo mundo, para saírem da pobreza e a adoção não ser mais necessária. Levar Jack para casa ajudaria a inspirar mulheres por todo o país na perseguição de *seus* sonhos divinos.

Agora, em sua sala, o juiz olhava para nós e para as outras famílias com indiferença. Mesmos assim, mantive uma postura firme: É agora ou nunca, Jess.

"Senhor, é um prazer estar em seu país", eu disse, avançando com uma audácia que não sentia. "Muito obrigada por nos receber em seus aposentos particulares. Ficaríamos honrados se o senhor nos concedesse uma audiência, hoje, para que, então, possamos providenciar os passaportes para nossos filhos e tirá-los do orfanato."

Para choque geral das famílias, dos advogados e dos funcionários judiciais, o juiz concordou. Naquele dia, poucos minutos depois de essas palavras saírem da minha boca, ele decidiu em favor da adoção de todos.

Três semanas depois, assim que a documentação foi assinada e datada, e as tarefas exigidas foram ticadas da nossa lista, Joe e eu, com Jack nos braços, pegamos um voo para casa, e nossa família de quatro passou a somar cinco. Chegando em casa, depois de desarrumar as malas, abrir todos os presentes de boas-vindas para Jack e matar as saudades de Amelie e Holden, recebi um e-mail de uma das famílias que, naquele dia, havia esperado conosco na sala do juiz. Veja, mesmo ele tendo dito sim, eu me perguntava se eu não teria sido um tanto inconveniente. As palavras desta mulher e a maneira como ela me viu começaram a me ajudar a mudar minha perspectiva em relação a mim mesma:

> *Grande parte da viagem em Ruanda simplesmente se perdeu para mim. Mas, com certeza, me lembro de você pedindo ao juiz que deixasse as famílias presentes terem nossa decisão judicial lida em corte naquele mesmo dia. Nossos advogados disseram que aquilo seria impossível, que as sentenças judiciais sempre levam, no mínimo, dois dias a mais. Não me lembro exatamente o que foi que você disse, mas a maneira como foi dito foi muito direta, muito sincera. Acredito mesmo que Deus a colocou naquele lugar e naquela hora e colocou as palavras certas em seu coração naquele momento.*

Talvez eu não tenha me excedido, afinal de contas. Pelo menos naquele dia, e naquela situação, evidentemente, fui apenas correta.

Ainda hoje, reflito sobre o tortuoso caminho que nos levou a Jack e sacudo a cabeça intrigada com o milagre representado por cada passo. As chances pareciam estar contra nós durante todo o percurso e, ainda assim, no final, Jack se tornou oficialmente nosso. Sempre que me vejo tentando não me arriscar e agir com cautela, penso em como foi bom entrar naquele avião para Ruanda e ouvir o juiz decidir em nosso favor; lembro-me de que aquilo poderia não ter acontecido, caso eu decidisse por não me colocar.

Ainda por cima, depois que me arrisquei a expandir minha zona de conforto em alguns passos, esse novo território já não me pareceu tão assustador. É claro que, antes, eu fiquei apavorada com aquele local desconfortável, mas depois que me coloquei lá, não falei e deu certo? O lugar jamais voltaria a ser tão assustador para mim. A tendência é essa: no início, o terreno conquistado parece completamente apavorante, mas depois percebemos que ele veio em paz. É como criar resistência cardíaca: embora, há alguns meses, você tenha bufado e ofegado depois de pular corda por um minuto, agora, depois de todas estas semanas de treino intervalado de alta intensidade, você, tranquilamente, faz agachamentos e flexões, *burpee,* durante uma aula de cinquenta minutos. Sua zona de conforto se expandiu, e você passou a se desenvolver naquele espaço conquistado há pouco. Na verdade, seu corpo se acostumou a tal ponto ao novo nível de esforço, que agora você sempre precisa batalhar para desafiá-lo.

Então, aqui está uma pergunta: Quando foi a última vez que seu coração bateu forte dentro do seu peito porque você se aventurou até o limite da sua zona de conforto, e um novo território estava prestes a ser reivindicado? Se eu tivesse que apostar, diria que você recebeu uma deixa e está esperando um estado perfeito de valentia para agir. É provável que você saiba exatamente o que seja, ao ler o que segue:

- *Você sentiu um impulso de ajudar aquele vizinho que parece não conseguir manter seu gramado aparado.*
- *Você sentiu um impulso de visitar aquela amiga que acabou de ter um bebê, para ver como você poderia ajudar.*
- *Você sentiu um impulso de investigar o problema de tráfico humano, para saber como oferecer ajuda.*
- *Você sentiu um impulso de conhecer alguns refugiados da sua cidade.*

- *Você sentiu um impulso de mudar seus filhos de uma escola particular para uma pública.*
- *Você sentiu um impulso de pedir um aumento no trabalho.*
- *Você sentiu um impulso de embalar um almoço para o sem-teto que fica quase todos os dias sentado na esquina.*
- *Você sentiu um impulso de, de alguma maneira, ser parte da solução: comparecer, se levantar-se, se pronunciar, seguir, mesmo estando profundamente assustada.*

Meu incentivo a você enquanto saímos juntas nessa jornada? *Atenda hoje a esse estímulo.* Não deixe passar mais 24 horas afastando aquilo que você sabe que precisa fazer. Como será para você ficar em pé e sair? Não posso responder a isso porque só você conhece os prós e contras da sua vida. Só sei que, atualmente, existe um mundo enorme e maravilhoso com dificuldades, que espera que você não fique sentada, segurando o controle remoto.

TRÊS

ASSUMA SUA HISTÓRIA

Nosso apelo mais profundo é crescer em nossa própria e autêntica individualidade, quer ela se conforme, quer não, a alguma imagem daquilo que deveríamos ser. Ao fazer isso, não apenas descobriremos a alegria que todo ser humano busca; encontraremos também nosso caminho para uma função autêntica no mundo.
Parker Palmer

Sendo totalmente sincera, preciso confessar que, embora eu tenha passado um capítulo inteiro buzinando para que você batalhe por alguém ou por alguma coisa que realmente importe, garanto que assim que você reunir a coragem para se levantar, dirão a você para voltar a se sentar. E a voz que lhe diz para fazer isso pode, de fato, pertencer a você.

Achei útil nomear esse comitê de vozes mentais na minha cabeça, e lhe dou permissão para pegar o nome emprestado. Deixe-me explicar. Quando criança, ouvia meu pai, veterano da guerra do Vietnã, homem com H maiúsculo, usar a palavra "merda" como se fosse algo corriqueiro, ao que minha mãe, sempre adequada, dizia: "Por favor, vamos apenas usar o *M*". Depois, olhando no meu olho, ela cochichava: "O *M* é de mortadela, querida". Eu dei o nome do meu comitê de Minúsculo Comitê da Mortadela, mas sinta-se à vontade para, em vez disso, usar a versão do meu pai. Independentemente das palavras que você atribuir a isso, provavelmente o MCM também se reúne na sua cabeça.

O MCM é como sua própria mesa de refeitório das meninas malvadas, e se for para você aprender a se levantar e seguir mesmo com medo, o primeiro passo é saber reconhecer suas vozes sarcásticas, para poder, então, gritar de volta: "Calem a boca!". Assim que decidi me levantar, atravessar a porta do risco e começar uma marca de impacto social, meu MCM agarrou o megafone. "Você?", ele caçoou. "O que *você* está fazendo aqui? Você não é boa o bastante, inteligente o bastante, habilidosa o bastante, magra o bastante, motivada o bastante para estar *aqui*. Ei, você! *Sente-se agora!*" Embora eu não estivesse pensando em me sentar, realmente me senti um bocado insegura naquele momento. Aquelas vozes eram muito *altas*.

✱✱✱

Alguns anos atrás, durante o recesso de primavera, Joe e eu levamos as crianças numa viagem de carro de dez horas até a cordilheira mais próxima, no Novo México. No primeiro dia de nossas férias, pulei num *snowboard* pela primeira vez em nove anos, percebendo rapidamente que, embora fosse fácil subir nele, era bem mais difícil *permanecer* ali. Naquela tarde, minha paciência estava quase no fim. Durante um intervalo para um chocolate quente, lamentei com Joe o fato de ser uma péssima *snowboarder*, ao que ele respondeu: "É porque você passou o dia todo tentando não cair. Você nasceu para esquiar. Quando você esquia, você simplesmente se inclina e *vai*".

Joe tinha razão. Eu esquiava bem. Então, por que não aceitar isto e colocar os meus esquis?

Vou dizer por quê. Porque vinte anos antes, quando escolhi o *snowboarding*, me via como o tipo "esportivo, mas feminino". Crianças descoladas não esquiavam, faziam *snowboarding*; meninas aventureiras não esquiavam, faziam *snowboarding*; meninos fofos não preferiam as esquiadoras, gostavam das *snowboarders*. Então, eu era uma *snowboarder*. Todo esse tempo depois, eu ainda fingia ser algo que eu pensava que *deveria* ser, mas que, obviamente, não era. Naquele dia, desperdicei bem mais do que uma manhã inteira sentada; desperdicei a oportunidade de ser eu mesma.

Não era apenas nas montanhas que eu fingia. De volta para casa, e baseada nesse negócio de moda que eu aparentemente começava, minha história de *deveria* transcorria mais ou menos assim: "Cresci como uma *fashionista*, me formei em desenho de moda na Parsons, depois fui para o exterior aprender sobre peças artesanais. Lá, percebi que queria começar um negócio, então voltei para casa e me inscrevi em um dos melhores programas de MBA do país. Adivinha o que aconteceu? Fui aceita! Enquanto estava lá, conheci um mentor que pegou a minha ideia para a Noonday e me ajudou a elaborar uma estratégia empresarial. Meus generosos pais adoraram o projeto e me fizeram um empréstimo isento de juros. Desde o primeiro dia, aluguei um moderno escritório no centro de Austin, contratei algumas das pessoas mais criativas da cidade e lancei a mais linda marca de moda de comércio justo que o mundo já viu. Minha estratégia de *merchandising* teve simplesmente os gerentes de dados certos, o que, como *todos* sabem, é o *markup* inicial, e nosso controlador de estoque se preocupou com todos os detalhes a respeito do equilíbrio da nossa cadeia de fornecedores. Eu também era magérrima, rica e não tinha filhos".

É. Certo.

A *verdadeira* história é essa: a vida toda detestei fazer compras. Na verdade, minha mãe me comprou um monte de vestidos para o baile de formatura e os trouxe para casa para que eu os experimentasse e, assim, não precisasse ir às compras. Por sorte, a moda da década de 1990 cooperou comigo, porque, naquela época, usar as roupas do irmão era um lance, graças à Pearl Jam, minha banda preferida. Formei-me na *high school* e me diplomei na Universidade do Texas em estudos latino-americanos, porque pensei que se fosse para cursar artes liberais, poderia, no mínimo, sair com uma nova língua. Escolhi espanhol e, de fato, fui para o exterior depois da faculdade, mas ali minha experiência não teve nada a ver com produtos artesanais. Vivi entre os quéchuas, na Bolívia, e trabalhei para uma ONG, na qual ajudei a organizar treinamentos de parteiras. Tudo a ver com o começo de um negócio, certo?

Depois, fui para a Guatemala, onde lecionei para crianças do ensino intermediário. Voltei para casa, me casei e consegui um trabalho como subgerente no belo departamento de porcelanas de uma butique. Segui para fazer meu mestrado em, você adivinhou, educação elementar.

Depois do mestrado, obtive uma licença de corretora de imóveis. Isto me levou a abrir uma empresa imobiliária de luxo, o que acabou resultando na crise financeira que eu e Joe vivemos, quando a crise habitacional de 2008 chegou ao mercado de Austin. Por causa do processo de adoção, eu estava lutando por uma alternativa de trabalho sólida.

O que você faz quando está precisando de dinheiro? Começa uma empresa de moda produzida por artesãos, com comércio justo. *Dã*. E o que você faz quando não tem dinheiro para começar esse negócio? Empenha suas preciosas joias de família na casa de penhores mais desclassificada da cidade. Ah, é isso aí, menina. Nada como algumas voltas e reviravoltas para mantê-la esperta. Montamos um depósito no quarto de hóspedes, e graças a uma moderna planta baixa de banheiro da década de 1960, o escritório ficou *no banheiro*. Eu não conhecia um único termo ligado a mercado. Pensava que *merchandising* significava a maneira como os anunciantes dispunham as caixas de cereais na mercearia ao lado de casa. As fotos dos meus produtos para a Noonday pareciam ter sido tiradas pelo meu filho de cinco anos, e eu jamais seria magra como uma modelo.

A verdadeira história é essa, em toda sua glória confusa e absurda – a história que frequentemente escondi. Isto é, até perceber que minhas tentativas de a reescrever faziam de mim uma mera atriz em minha própria vida. Acontece que tentar reescrever a verdade da minha vida estava me impedindo de *viver*, de fato, a história real e linda que se desdobrava em minha frente.

***

Depois que comecei a arrancar as páginas da minha história hipotética e a abraçar o enredo da história real, percebi que a verdade era imensamente mais interessante do que meras invenções. Ou seja, *você* não gostou mais da história real? É vulnerável, autêntica, abarrotada de fracassos. E, por esses motivos, fantástica.

A vida real é vivida com altos e baixos e não com altos, altos e altos. Mas eu estava muito preocupada em querer controlar a percepção que outras pessoas tinham de mim para permitir que a parcela dos "baixos" fizesse parte da minha vida. Naquela época, quando eu ia a encontros de empreendedores, me esforçava feito louca para deixar aquela história da loja de penhores apenas entre mim e Deus, porque as narrativas de todos os outros pareciam envolver financiamento de capital de risco e escritórios elegantes no centro da cidade. Por acreditar que os verdadeiros executivos da indústria da moda viviam apenas em Nova York ou Los Angeles, escondi minhas raízes texanas em viagens de negócios para os dois lugares. Por acreditar que pessoas na minha posição não iam além do tamanho 36, nunca deixei que a câmera captasse minha realidade abaixo do pescoço. No universo da minha mãe, eu subestimava meu trabalho porque, como todas sabemos, as *boas* mães não trabalham. As coisas iam nesse sentido.

E é esse o problema. Se não consigo entrar em sintonia com a minha própria história, especialmente com as partes que julgo imperfeitas e pouco lisonjeiras, não posso sentir empatia com a história de outra pessoa. Se existem coisas na minha história que me parecem intoleráveis e inabordáveis, então vou achar essas mesmas coisas inaceitáveis nos outros. O resultado é julgamento.

Devo dizer que nunca me vi como uma pessoa crítica. Na minha cabeça, eu era alguém que estenderia a mão para a mãe que estivesse com um bebê aos berros em um avião, ouviria com atenção uma amiga estressada ou confessaria para outra mãe, cheia de culpa, que eu também tinha pavor do momento de ler em voz alta com meu filho que ainda estava aprendendo a ler. A *solidariedade* sempre foi o meu barato. No entanto, naquela época da vida, por estar resistindo a aceitar a verdade da minha história, ali estava eu, me julgando com dureza – e, por extensão, também outras mães curvilíneas, trabalhadoras, que se autossustentavam. (Beyoncé, sinto muito. Considere isso meu pedido público de desculpas.)

No entanto, acabei vendo que a vida não era um teste padronizado, em que apenas uma resposta seria a certa. Isto significava que eu realmente poderia ser uma vencedora do Empreendedor do Ano da Ernst & Young, mesmo que minha empresa não tivesse recebido financiamento de capital de risco. Significava que eu poderia ser uma boa mãe e, ao mesmo tempo, ser uma CEO respeitável. Significava que eu poderia estar na moda e, mesmo assim, ser cheia de curvas.

Eu poderia escolher ser uma *e*, em um mundo *ou/ou*. E poderia *prosperar* no fato de ser *e*.

Uns dois meses antes da minha viagem com Joe para adotar Jack, eu sabia que precisava de um plano para manter a Noonday caminhando enquanto estivesse fora. Àquela altura, oito embaixadoras haviam se juntado a mim e eram mulheres realmente batalhadoras. Não estávamos mais brincando; era um *negócio* estabelecido e estava na hora de ser tratado como tal.

No clima de empreendedorismo desorganizado, procurei ajuda. Comecei com Deus, já que ele era o Criador do Universo e tudo mais, e porque quando a pessoa está sem dinheiro, mas tem necessidades secundárias como, digamos, *orientação legal para garantir seu novo negócio*, ela reza. "Deus", rezei fervorosamente, "poderia me fazer o favor de trazer um advogado, um investidor anjo e, enquanto estiver cuidando disso, um *software* de remessa?". Eu achava que um investidor anjo seria, bem, um anjo, e conferia minha caixa de correio regularmente, em busca de um cheque de um investidor anônimo, que jamais tivesse que ser reembolsado.

Além de continuar organizando meus bazares, eu tinha acrescentado algumas "tarefas menores" à minha lista de obrigações, incluindo desenvolvimento de desenhos exclusivos, encomenda de produtos dos artesãos, inscrição e treinamento de novas embaixadoras, controle da rede social da empresa e da presença por e-mail, administração do *site* e, atualização de estoque e preenchimento de cada etiqueta de remessa a mão, porque não conseguia fazer meu *site* e meu PayPal funcionarem direito. O comediante Jim Gaffigan diz: "Você sabe o que é ter um quarto filho? Imagine que você esteja se afogando; então alguém te entrega um bebê". Além do terceiro filho, eu também tinha uma *startup* para manter na superfície, e esse bebê era *pesado*. Eu estava me afogando e ficava cada vez mais claro que precisava desesperadamente de um projeto.

***

Um dos expedientes que possibilitou a mim e a Joe atravessar tempos economicamente mais difíceis, ao mesmo tempo em que permitiu que ainda mantivéssemos nossas saídas à noite, foi permutar serviços de babá com amigas. *Eu coço as costas do seu filho à noite, até ele dormir, se você coçar as costas dos meus.* Em uma dessas noites, eu estava cuidando dos filhos dos meus grandes amigos Suzanne e Travis Wilson. Ela e eu frequentamos a mesma *high school* e tínhamos restabelecido a amizade em uma viagem que Joe e eu fizemos para Moçambique, vários anos antes. Suzanne e Travis tinham vindo nos buscar no orfanato onde estávamos trabalhando como voluntários naquela semana, e eu me lembro de pensar sobre como era incrível que alguém com quem eu tivesse crescido em San Antonio agora trabalhasse para uma ONG no sul da África, combatendo a epidemia de AIDS, que devastava o continente na época.

Os Wilson se mudaram para Austin vários anos depois, na minha fase imobiliária. Além de Joe e eu acolhermos os dois em nossas vidas, eu os ajudei a alugar uma casa. Foi numa de nossas noites de "permuta de filho", quando acabavam de se fixar em Austin, que notei uma pilha volumosa de planilhas do Excel, em sua mesa de jantar. Provavelmente, minha atenção foi atraída por fazer apenas alguns meses que eu tinha aberto a Noonday e estar profundamente consciente de que o *back-end* do meu negócio precisava de um sério acompanhamento. Eu sabia que Travis tinha uma sólida formação empresarial e algo em relação àquelas planilhas ali expostas, todas organizadas e perfeitamente empilhadas, me deixou sedenta por minhas próprias planilhas organizadas. *Talvez Travis pudesse ajudar...*

Quando Suzanne e Travis chegaram em casa depois do seu passeio, fui logo perguntando se ele poderia me encontrar para uma conversa. Eu sabia que ele estava a par do que o empreendedorismo poderia fazer em áreas carentes de recursos no mundo. Quando o conheci, ele dirigia um banco de microfinanciamento em Moçambique, onde testemunhara o que até empréstimos de cinquenta dólares para mulheres poderiam fazer para famílias e comunidades. Mas eu não sabia se sua experiência profissional desde então se aplicaria para o mundo da Noonday, em que um banheiro funcionava como escritório.

Dias depois, Travis e eu estávamos encolhidos sobre xícaras de café, ele me bombardeando com perguntas. "Qual é o seu lucro e o seu prejuízo?", "Quantas embaixadoras você acha que conseguiria incorporar em um ano?", "Você quer que seu modelo seja com ou sem fins lucrativos?", "Quem são seus concorrentes?", "O que não está deixando você dormir?".

Hum. Como é que é?

Embora eu soubesse que estava vendendo peças de bijuteria a rodo, minha infraestrutura era tão inconsistente e desarticulada que, com certeza, coisas importantes estavam indo pelo ralo. Travis tinha uma habilidade para localizar rachaduras.

Por várias semanas seguidas, ele veio até o café às seis da manhã, como combinamos, e analisou com cuidado todo o meu mundo profissional. Depois de alguns encontros, olhou para mim e disse: "Ei, sempre quis ter um negócio. Suzanne e eu estamos economizando há anos, para que eu possa trabalhar sem salário, enquanto monto algum tipo de negócio. Se você estiver disposta, gostaria de deixar meu trabalho e ficar com você em período integral, para ver se posso ajudar você a desenvolver o que você já lançou com sucesso".

Agora, era a minha vez de metralhá-lo com perguntas, ainda que ele tivesse me conquistado com "Finanças". (Finanças! Ora, isso soava bem.) E um "MBA em Wharton". (MBA! Isso soava ainda melhor.). Mas o que realmente me fisgou foi o serviço de manutenção de gramados de Travis. Eu precisava mais de um sócio disposto a arregaçar as mangas (ou a prender seu rabo de cavalo) e começar a trabalhar do que de alguém com MBA. Travis tinha começado uma empresa de manutenção de gramados na *high school*, e, na época da faculdade, ia para casa todos os finais de semana para cuidar disso, que foi como ele custeou seus estudos. Que perseverança esse homem demonstrou!

Eu queria essa garra, e rápido. Ainda assim, ver outra pessoa pondo tanta confiança na minha proposta era, ao mesmo tempo, animador e assustador. Fiquei apavorada com a proposta de Travis, mesmo me sentindo ansiosa para lhe passar todo e qualquer problema que ainda não tivesse resolvido. (Tarefa número um da minha lista: imprimir etiquetas de remessa. Santo Deus, como a minha mão doía de tanto escrever!). E assim teve início uma fértil colaboração que existe até hoje. Trata-se de uma parceria que parece ter sido enviada diretamente do céu, construída sobre valores comuns e a crença de que a Noonday poderia ser alavancada para um negócio rentável, criando um impacto duradouro e sustentável para quem vive em comunidades vulneráveis ao redor do mundo.

Enquanto eu estava fora do país para a adoção de Jack, Travis partiu para transformar nosso quarto de hóspedes em uma operação de distribuição em larga-escala. Contratou algumas das minhas amigas para ajudar nos pedidos de remessa, que vinham numa velocidade recorde, por causa da proximidade do período de festas. Assim, minha chegada com um ruandês de quase três anos de idade não foi um acontecimento tranquilo, particular para a nossa família, mas sim um espetáculo encenado para a multidão de pessoas lealmente trabalhando logo ali, na nossa casa.

"Jessica", Travis me disse quando voltei, depois de três semanas ausente, com malas cheias de contas de papel, "estamos *liquidando* nosso estoque".

Mais do que isso, ainda mais embaixadoras tinham se juntado à nossa comunidade, o que me deu esperança em relação ao futuro. Na minha cabeça, um dia, *milhares* de embaixadoras estabeleceriam fontes de renda para si mesmas, se permitindo uma maior liberdade, tanto na vida pessoal como na profissional, e necessitando de artesãos extras, na África, América Central, América do Sul e Ásia, que supririam aquela crescente demanda. Mas isso era algo distante, então, quando voltei de Ruanda e percebi que o "distante" estava logo ali, minha respiração ficou acelerada, para dizer o mínimo.

Administramos o funcionamento a partir da minha casa o tempo que foi possível, mas chegou um momento em que ficou óbvio para todos os envolvidos que aquilo que costumava nos bastar, já não funcionava. Provavelmente tinha algo a ver com o fedor conhecido por todas as mães no estágio de troca de fraldas, que pairava no quarto improvisado como depósito, todas as tardes, durante a soneca das crianças. O cheiro não era exatamente um estímulo para a produtividade da equipe. "Jessica, venha trocar essas fraldas!", eles gritavam.

Precisávamos conseguir um espaço para um escritório de verdade e precisávamos daquilo imediatamente. Eu sabia disso. Minha equipe sempre em expansão sabia disso. Droga, até meus filhos sabiam disto, frustrados por escutar um milhão de vezes por dia para ficar fora do quarto de hóspedes, que agora estava lotado de caixas, fitas adesivas e aqueles maravilhosos brinquedos infantis chamados *estiletes*.

Em questão de dias, Travis e eu encontramos novas instalações para a Noonday, e logo assinamos nossos nomes em linhas pontilhadas para a locação do nosso primeiro escritório. E embora eu estivesse totalmente de acordo com essa nova direção – uma empresa de verdade, administrada de dentro de um escritório de verdade –, a mudança significaria uma grande reestruturação da vida que eu conhecia e amava. Eu já não poderia dizer que estava trabalhando de casa, sempre perto dos meus filhos; não, este escritório de verdade significava que eu teria que me vestir com roupas *de verdade*, aguentar um transporte *de verdade* – eram apenas cinco minutos, mas mesmo assim – e trabalhar em horário *comercial* cinco dias por semana. A verdade da minha nova situação? Eu precisava de uma babá. E rápido.

***

O problema com a minha necessidade de uma babá é que ela não se encaixava em nada no meu *script* do que significava ser uma Boa Mãe, principalmente uma mãe com três crianças de menos de cinco anos de idade. Na minha cabeça, uma Boa Mãe se parecia muito com a minha mãe, acolhedora, caseira, com o acréscimo de uma dose extra de perfeição. Uma Boa Mãe se exercitava diariamente, atendia fielmente quem estivesse em necessidade e todas as noites preparava refeições orgânicas para sua família. Fazia sexo com o marido três vezes por semana, com um sorriso; colocava os filhos na cama todas as noites e, diligentemente, educava as crianças em casa. Era, basicamente, um unicórnio.

Por dias a fio, tudo em que eu conseguia pensar era o quão profundo seria o estrago que eu causaria em meus filhos, se eu seguisse com o plano de contratar uma babá. Via minhas opções através de lentes ou/ou: poderia escolher tocar minha *startup* ou criar meus filhos. Para piorar as coisas, fiquei profundamente preocupada com o que as outras mães, que aparentemente estavam fazendo a coisa certa, iriam pensar. Mas, mesmo assim, fui em frente.

Foi no quarto mês em que a babá Lauren estava conosco que comecei a me referir a ela como Jesus Personificado. Lauren se afeiçoou imediatamente aos meus filhos; brincava com eles de bom grado e atendia à minha família meticulosamente. Houve vezes em que cheguei em casa, depois do trabalho, e descobri que ela havia limpado a gaveta de tralhas da cozinha, preparado um curry delicioso e terminado um projeto de arte com as crianças, *além de limpar toda a bagunça*. O mais chocante é que ela fazia tudo isso com paciência e alegria, duas coisas que não estavam me sobrando naquele período específico da vida.

É possível que você pense que ter uma ajudante abençoada como Lauren me deixaria livre para florescer no meu papel de co-CEO da Noonday, mas você está, ah, muito enganada. Em vez de me escorar na ajuda competente e completa que ela me dava, via sua dedicação com as crianças como uma acusação, uma barreira que eu não conseguiria ultrapassar, um padrão que eu não poderia manter. Você se lembra do meu MCM, aquele comitê que chega até nós, diretamente do inferno, para dar a última palavra? Bom, dessa vez parecia que ele andava se fartando de *espressos*, levantando a voz a uma altura insustentável: "Você é decepcionante como mãe, Jessica. Nem mesmo *brinca* com os seus filhos. Veja a Lauren! *Você* não tem tanta paciência. *Não é* tão alegre. Não consegue nem citar três ingredientes para um bom curry! E você guardou os pratos do escorredor pelo menos *uma vez* neste mês? Você diz que é *mãe*? Afe!".

O que eu precisava fazer era dar um murro no estômago do meu comitê. Em vez disso, o que eu fiz foi lhe dar credibilidade.

***

Depois de mais ou menos de seis meses nesse esquema com a babá, eu estava indo para o aeroporto pegar um voo para o Peru. Um comitê peruano, patrocinado pelo governo, dedicado à preservação de produtos artesanais, havia me convidado para conhecer alguns dos seus grupos de artesãos, na esperança de reforçar esse relacionamento e fomentar nossos vínculos de importação-exportação.

Era minha primeira viagem de negócios oficial, internacional, em que me pagavam para ir, e fiquei eufórica em aceitar essa oportunidade, ainda que a viagem me provocasse medo. Ao aceitar o convite, a primeira ideia que me passou pela cabeça foi, é claro, que eu morreria num acidente de avião indo para lá e deixaria meus filhos órfãos. Se eu conseguisse chegar, tinha certeza de que pegaria o único taxista disfuncional do aeroporto de Lima e seria raptada em alguma rua deserta do Peru. Acima de tudo, como é que meus filhos iriam se virar sem mim?

É isto que acontece com marinheiros de primeira viagem, não é? Quando não temos uma boa narrativa à qual recorrer, inventamos a pior possível; e se continuarmos conferindo autoridade ao nosso MCM, não passaremos daquele ponto de conforto, que é onde a vida deveria ser vivida. Cederemos para adicionar mais uma camada de plástico-bolha e perderemos as aventuras para as quais fomos feitos. Em vez de viver no limite, vivemos no sofá, e eu não poderia fazer isso; havia coisas demais em jogo. Aceitei a viagem e escolhi não olhar para trás. Isto é, até a hora de subir no avião.

Ao me dirigir para o terminal, sozinha, meus medos estavam assustadoramente presentes. Mandei uma mensagem de texto para minha amiga Jen – que, há anos, era uma mãe que viajava, trabalhava e escrevia – e lhe contei como eu estava massacrada pelo monólogo dentro da minha cabeça que ficava me dizendo que eu era uma mãe ruim por estar indo. Em segundos, ela me escreveu de volta: *Acabe com essa ideia maluca e vá*, ela disse. *Seus filhos ficarão melhores, e não piores, por ter uma mãe que suba em aviões e voe pelo mundo para servir. Muito melhor do que se você jamais tivesse saído de casa durante toda a vida deles, para suprir qualquer necessidade de primeiro mundo que eles tenham. De verdade, vá, menina. Minhas orações vão com você.*

Eu levaria mais uns dois anos até perceber que meu caminho roteirizado para a maternidade poderia, talvez, incluir um papel de com uma mãe que trabalhasse. Ao começar a apagar alguns dos paradigmas ou/ou e aceitar a realidade de que eu não tinha o controle de todas as consequências da vida (aquele avião, de fato, poderia ter caído sobre o Peru, e Deus *ainda assim* estaria no controle), passei a aceitar a história mais cheia de nuances, que era a minha.

***

A primeira vez que me dei conta de que poderia escrever um enredo diferente daquilo que tinha acreditado ser uma vida pré-roteirizada foi no verão depois do oitavo ano. Na época, eu deduzia que a minha vida imitaria a trajetória dos meus pais, que frequentaram a mesma *high school* local, se conheceram na época de debutante de mamãe e desfrutaram a vida em uma cidade muito unida. Mas tudo isso mudou quando uma igreja que comecei a frequentar me apresentou ao Jesus que vivia além dos limites, o Jesus que me ajudou a ver um mundo maior do que as músicas que eu cantava no acampamento de verão.

A Primeira Igreja Presbiteriana de San Antonio acreditava que amar Jesus significava criar oportunidade para pessoas que não tinham os mesmos recursos daquelas que constituíam a maior parte da congregação. E uma vez que o acesso às oportunidades era mais necessário em lugares onde havia as piores injustiças, a igreja dava duro para garantir que sua congregação visse essas injustiças em primeira mão. Isso explica o motivo de eu, uma novata ingênua e assustada, ter sido convidada a servir na urbana Washington, juntamente com uma dezena de entusiastas, ou algo assim, também destinados à capital da nossa nação.

Oficialmente, meus amigos pré-adolescentes e eu estaríamos administrando um programa chamado Vacation Bible School (Escola da Bíblia nas Férias), juntamente com uma congregação da capital chamada Church of Savior (Igreja do Salvador), uma das primeiras igrejas desse tipo comprometida com a diversidade racial. O pastor fundador, Gordon Cosby, tinha até marchado em Selma,

Alabama. Mas sob esse propósito estava a verdadeira motivação do nosso pastor de jovens: que nós, crianças privilegiadas, víssemos, com os nossos dois olhos, que a maioria do país não vivia como nós.

Tenho certeza de que houve mil coisas que se destacaram para mim naqueles dias passados na nossa capital, mas se você me pedisse para resumir a viagem em uma experiência, eu indicaria a visita do nosso grupo à Lazarus House, um complexo residencial para pessoas em recuperação do vício de drogas, e que, em chocante justaposição, ficava a apenas três quilômetros do símbolo mais conhecido do nosso país: a Casa Branca. Mais tarde, me disseram que a área circunvizinha à Lazarus House era um dos maiores mercados de drogas a céu aberto do país, mas não é do tráfico de drogas que eu me lembro. O que eu me lembro é de uma corajosa mulher afro-americana, entoando em voz alta a letra do velho hino "Amazing Grace" durante nossa visita, enquanto gotas de suor pingavam em sua testa. "Por muitos perigos, canseira e armadilhas", ela cantava, "eu já passei. Foi a graça que me trouxe a salvo até aqui, e a graça me conduzirá até em casa".

Eu adorava ir com a minha avó a sua antiga igreja batista, então conhecia bem a música, mas nunca tinha ouvido ninguém cantar aquelas palavras, que realmente tivesse passado por "perigos, canseira e armadilhas". Depois de a mulher narrar sua história de dependência das drogas e falta de um teto, o que a levou ao fundo do poço, contou sobre um momento de virada que lhe veio, quando optou pela sobriedade e encontrou um trabalho respeitável: servir almoço em um lugar chamado Potter's House.

Em 1959, depois de passar a noite em uma pensão, acima de uma taverna barulhenta, os fundadores da Church of the Savior, Mary e Gordon Cosby, despertaram para a consciência de que o bar e o café pareciam mais amigáveis, e mais o tipo de lugar que Jesus frequentaria, do que a maioria das igrejas. Começaram a procurar um espaço público que fosse propício ao diálogo, cruzando todos os tipos de limites que os humanos estabelecem, onde as pessoas pudessem expressar opiniões fortes e aprender a discordar de maneira amorosa. Nesse lugar, os limites tradicionais entre o sagrado e o secular foram apagados, e as pessoas podiam conversar sobre Deus com a mesma liberdade que falavam sobre outros aspectos de suas vidas. Em 1960, esse conceito se tornou, oficialmente, a Potter's House. Sua missão e sopas reconfortantes são servidas até hoje, confirmadas pelo delicioso almoço que desfrutei ali na viagem que fiz à capital para providenciar a documentação de Jack[4].

O time adolescente do qual eu fazia parte saiu para liderar um acampamento de um dia, que foi um sucesso, se quiser qualificá-lo assim. Mas o que perdurou em mim, durante meu tempo ali e por muito tempo depois, foi aquela interpretação profunda e comovente do "Amazing Grace", hino cheio de esperança, cantado por uma mulher cheia de esperança, que desafiava as probabilidades do seu entorno. Ela florescia em uma comunidade há muito esquecida; era a vida cercada por tantas coisas que se pareciam com a morte. Queria conhecê-la. Queria conhecer outras pessoas iguais a ela. Queria me dedicar a despertar o tipo de esperança que percebi nela. Mas de qualquer modo, por um tempo, todas as minhas vontades teriam que esperar.

Todos os anos, converso com mulheres da Noonday sobre esse início – o desejo de me livrar do enredo esperado, o turbilhão interior que sentia em relação a ser uma mãe que trabalha, o caminho sinuoso que, de algum modo, resultou em comércio justo, o desespero que, naquele dia, me levou à casa de penhores, minhas inabilidades desvairadas em assumir *esse* papel, *nessa* empresa, *nessa* indústria, *nesse* clima competitivo, e mais – e em como lutei para ingressar na minha verdadeira história e largar o *script* de outra pessoa. Como reação, 99,9 por cento dessas mulheres olham para mim, concordam com a cabeça, e dizem: "É, entendo. Também passei por isso".

Uma mulher chamada Liz me contou que estava reticente quanto a se tornar uma embaixadora porque ela era "desafiada pela moda", segundo suas palavras. Contou-me de uma vez em que ela e suas amigas combinaram de sair para jantar. Liz perguntou o que elas iriam vestir, e a resposta foi: "Ah, venha à vontade. Somos só nós".

Mas quando Liz chegou à vontade – o que, para ela, era uma calça jeans *baggy* e uma camiseta desbotada de uma imersão corporativa que sua empresa tinha organizado em 1995 – descobriu que sua definição da frase não batia, exatamente, com a das amigas. "Elas estavam totalmente embonecadas", Liz disse, "e lá fiquei eu, parecendo que tinha chegado da feira."

Por muito tempo, o jantar concorreu com um medo arraigado de que ela não tivesse estilo, que nunca estaria de acordo. Naquele *lobby* de hotel, em seu jeans folgado, o mcm tinha um parecer para ela: "Você é uma fora de moda e uma idiota, e hoje sua noite vai ser horrível."

Alguma ideia do quanto Liz se divertiu no jantar? Nada.

Uma de nossas embaixadoras, Jill, me contou que por ser uma enfermeira qualificada, e não uma empresária qualificada, *sabia* que ia fracassar na Noonday. "Não tenho o conhecimento adequado; não tenho a inteligência relacional certa. E não sei nada sobre *marketing* e vendas."

O parecer do seu comitê naquela época? "Jill, você *nunca* vai entender isto."

E depois vem Deirdre, que me contou que seu medo de ficar em frente a um grupo de mulheres, explicando os produtos da Noonday, quase acabava com ela todas as vezes. "Nunca fui uma pessoa de adereços", ela disse. "Quer dizer, no minuto que contei ao meu marido que estava avaliando esta oportunidade na Noonday, ele riu e disse: '*O quê?* Mas você não é, de fato, o... Tipo... *Fashion*'". Ela estava totalmente apaixonada pelo propósito e pela missão da Noonday, mas a força das vozes do seu comitê fez aquela paixão desbotar.

***

O MCM não respeita limites, e descobri que, em todo país que visito, as mulheres são atormentadas pela mesma voz que tenta mantê-las sentadas, em vez de encorajá-las a adentrar a história que lhes pertence. Ainda mais do que isso, em muitos lugares, existem injustiças muito reais, destinadas a manter as mulheres sentadas. Aquela encruzilhada em que eu me encontrava naquele dia, ali nas dependências do juiz ruandês, era um lugar que outros também haviam frequentado. Acontece que o dilema de enfrentar ou calar a boca não é privilégio meu.

Jalia, embora a um mundo de distância, estava na mesma jornada que eu, uma vez que ela e Daniel começaram a contratar e treinar mais artesãos, a aprender os truques do Excel e a mergulhar no mundo dos negócios. "Jessica, eu sempre fui a que lutava pelos irmãos na bomba d'água, ao encher nossas latas. Mantinha a casa em ordem quando minha mãe saía por longos períodos, para trabalhar em outra aldeia."

Jalia prosseguiu me contando que, ao entrar no caminho tradicional da condição feminina, por meio do casamento, sua voz passou a ser mais uma espécie de sussurro. Ela se casou com um marido muito parecido com o meu, tranquilo e firme, forte e humilde. Começou, sutilmente, a se fazer menor, mais calada e não tão inconveniente, acreditando que seu marido queria e precisava ser mais. Daniel, assim como Joe, não se atrai nem um pouco para bravatas e machismo, e parte do que o havia atraído para Jalia era sua forte personalidade e seus grandes sonhos. Mas, se refreando ao lado dele por comparação, Jalia não pôde deixar de sentir que precisava ser um pouquinho *menos*.

"Espera-se que o típico marido africano tome todas as decisões da casa e tenha nitidamente o comando, enquanto que a esposa deva seguir calada e humilde", ela me disse uma vez. "Mesmo que meu marido quisesse que eu fosse *eu*, fiquei tão preocupada com o que a sociedade pensava que comecei a me julgar e a empurrar Daniel para ser o que não era da sua natureza: mais forte, mais ousado, *maior*."

Só depois de uns dois anos da nossa jornada na Noonday foi que Jalia descobriu o quanto ela e Daniel eram *simplesmente o bastante*.

***

Uma tarde, numa fase semelhante de insegurança, me lembro de estar sentada com a minha mãe numa cadeira de balanço dupla, na varanda dos meus pais, na fazenda no sul do Texas. Tinha sido um dia especialmente difícil, em todo o primeiro ano da Noonday, e, num momento de vulnerabilidade, comecei a confessar para ela alguns pensamentos e inseguranças que estava enfrentando. Eu me sentia extremamente só, como se fosse a única mãe do mundo com crianças pequenas que tentasse manter um trabalho exigente. Uma das minhas amigas mais chegadas é mãe em período integral, leciona para os filhos, e cada vez que meus filhos brigam entre si, ou me fazem malcriação, um dos membros do meu comitê interfere: "Se você fosse uma mãe que dá aulas para os filhos em casa, eles se comportariam mais como os dela".

"Não se pressione tanto", minha mãe disse. "Vocês, mães de hoje, se esforçam demais, querida. Você é uma mãe fantástica, dirigindo um negócio fantástico... Está me ouvindo? É mesmo. Acho que você é, de longe, uma mãe muito melhor do que eu poderia ser."

Enquanto minha mãe falava, não pude deixar de pensar no quanto as coisas haviam mudado desde seu começo como mãe. Se você leu o *best-seller Lean in*, da COO do Facebook, Sheryl Sandberg, deve se lembrar da avaliação que ela fez do estado da maternagem de agora, em relação à daquela época. Ela escreveu: "Em 1975, as mães que ficavam em casa passavam uma média de onze horas semanais em atendimento básico infantil (definido como cuidados rotineiros e atividades que proporcionam o bem-estar da criança, tais como leitura e brincadeiras com envolvimento total)... Hoje, mães que ficam em casa gastam, em média, cerca de dezessete horas semanais em atendimento básico infantil, enquanto mães que trabalham fora gastam cerca de onze horas." Hoje uma "boa mãe" está sempre por perto e se dedica totalmente às necessidades dos seus filhos, um fenômeno novo que os sociólogos chamam de "maternagem intensiva". Mas não é assim que as coisas costumavam ser. Sandberg conclui: "Hoje, uma mãe que trabalha gasta tanto tempo em atividades básicas de cuidados infantis quanto uma mãe que ficava em casa em 1975."[5]

Baseada em minha própria criação, os comentários de Sandberg parecem corretos. Minha mãe adorava brincar comigo e me fazer carinho, o que explica, pelo menos em parte, por que me pegava às duas da tarde todos os dias da semana e me deixava me aconchegar em sua cama, enquanto nós duas assistíamos *General Hospital*, na TV. Ela me lembrou como, às vezes, gritava comigo para que eu entendesse seu ponto de vista, o que hoje seria considerado amor *sem* muita lógica; ela era alvo de uma boa dose de insolência da minha parte, o que atualmente chamaríamos de Tempo sem Qualidade Suficiente; e me deixava andar de bicicleta o dia todo no verão, sem celular no bolso e, em geral, sem que eu tivesse dito, exatamente, onde estaria, o que, provavelmente, nem deve ser legal, hoje. Pelos padrões vigentes, minha mãe – sinceramente, a mãe mais carinhosa que conheço – seria considerada negligente, o que me traz à filosofia parental que, atualmente, me esforço a adotar. Trata-se de uma pequena estratégia chamada *relaxe*.

* * *

Penso naquele dia nas pistas de esqui, quando larguei meu *snowboard* e coloquei os esquis. Enquanto ensinava aos meus filhos como navegar pela neve, pela gravidade, e o que equivale a estar amarrado a um carrinho de supermercado que desce por um escorregador gigante, ensinei a eles como se inclinar para frente, e não para trás, quando sentem que vão cair. "Movam-se *com* a gravidade, gente", disse a eles. "E não se apoiem nos punhos."

Tentar controlar cada resultado, gastar nossa energia vivendo em queda livre, leva à fratura nos pulsos. É uma procura pela perfeição em seu nível mais disfuncional, e é uma busca que nos derrubará. Naquele dia, essa realidade estava por detrás dos meus comentários aos meus filhos e é uma das minhas mensagens fundamentais para você.

Quanto mais mulheres conheço, mais fico convencida de que existe muitas de nós lutando pela perfeição de alguma maneira. Batalhamos pelo número perfeito, seja financeiro ou físico. Competimos pelo casamento perfeito, ou pela criação de filhos perfeitos – bons pais resultam em bons filhos, certo? Ah, como *todas* nós gostaríamos que isso fosse verdade.

A pesquisadora e professora Brené Brown diz que o "perfeccionismo é um sistema de crença autodestrutivo e viciante, que fomenta este pensamento primário: se eu estiver com uma aparência perfeita, viver de maneira perfeita e fizer tudo perfeito, posso evitar ou minimizar sentimentos dolorosos de vergonha, julgamento e culpa".[6]

Agora, antes que você me menospreze aqui, insistindo que não preenche o campo perfeccionista, preciso afirmar que eu também costumava desconsiderar o termo. Costumava pensar que os perfeccionistas eram pessoas magérrimas, com casas impecáveis, que lavavam a cabeça diariamente, motivo de ter sido tão chocante, para mim, descobrir que eu mesma tendia ao perfeccionismo (Eu realmente escovo os dentes todos os dias, se isto conta para alguma coisa, mas lavar a cabeça? Não é para isso que serve o xampu seco?).

Mais chocante ainda foi descobrir que, como reação a essas tendências perfeccionistas, eu fazia o que todas nós fazemos: assim que começamos a sentir vergonha, julgamento ou culpa, em relação à nossa atuação em alguma área da vida em que sentimos que não estamos gabaritando, "em vez de questionar a lógica falha do perfeccionismo, ficamos ainda mais presas à nossa busca de viver, de parecer e de fazer tudo muito bem".[7] O que isto significa? Em vez de admitir que unicórnios não existem, tentamos fazer crescer chifres e crinas de arco-íris.

* * *

Voltando àquela história da minha viagem ao Peru, descobri que, no fim, minha amiga Jen tinha razão. Eu precisava *mesmo* seguir com aquela viagem de negócios ao Peru, para aprender que poderia continuar profundamente ligada aos meus filhos, mesmo faltando o aconchego na hora de dormir. E meus filhos precisavam aprender que MÃE não se refere a uma Máquina de Atender Expectativas. E adivinhe: naquela viagem, acabei conhecendo dois novos parceiros artesãos cujos produtos se tornaram essenciais para toda nossa coleção. Fermin e Faustino expandiram gigantescamente seus negócios e o número de artesãos que os apoiam, e isso não teria sido possível se eu não tivesse saído pela porta da frente e entrado naquele avião. Aquela viagem apenas levou a outra excursão, que, em seguida, levou a outra aventura. Semanas viraram meses, que viraram anos, e, com o tempo, comecei a descobrir que quanto mais eu viajava para encontrar artesãos da Noonday, melhor eu me tornava como mãe. Na Etiópia e em Ruanda, em Uganda, na Guatemala e no Peru, encontrei mães que trabalhavam e que jamais sentiram culpa. Quer saber do que elas sentem culpa? Da *falta* de ser uma mãe que trabalha. Por todo o mundo, ao que parece, as mulheres precisam apenas de uma fonte de renda. "Não precisamos de caridade. Precisamos de trabalho!", "Queremos trabalhar para que a *vida funcione*." Se, para elas, ser uma orgulhosa mãe trabalhadora podia ser uma realidade, então para mim também poderia.

E era exatamente isso que eu procurava. Escrevi uma declaração para a Noonday uma noite, num momento de paixão, muitos anos atrás, antes de ter um sócio, antes de saber o que *merchandising* e planejamento de estoque significavam. Descobri a anotação dessa declaração em meu computador, enquanto procurava um arquivo, uns dois anos atrás, e sacudi a cabeça, surpresa, enquanto meus olhos percorriam a página. Dizia:

> *Meu sonho é que a Noonday Collection seja a empresa líder mundial de venda direta e comércio justo de produtos feitos à mão. Meu sonho é que Jalia lidere um movimento em Uganda de mulheres aprendizes e capacitadas, ganhando uma renda sustentável com a produção dos nossos produtos. Oferecer aos refugiados daqui a chance de usar suas habilidades e ganhar um salário digno. Servir como uma plataforma, como uma voz para o órfão, como um lugar onde as mulheres daqui possam ter um negócio e uma posição de influência para as mulheres em sua esfera de relacionamento.*

Comecei a rezar para que minha experiência de vida, ainda que aleatória e imperfeita como era, servisse de combustível para o fogo que ardia em meu coração, para ser parte da solução dos problemas que eu via. E comecei a desenterrar, em vez de enterrar, as partes da minha história que eu desejara que não fossem verdade. Logo, começou a acontecer algo maravilhoso. Meus filhos – aquelas mesmas criaturinhas por quem eu me preocupara tanto, com medo de estragar – também começaram a entender o conceito. Uma noite, durante nossos carinhos noturnos cotidianos, nos quais eu me aconchegava com a minha filha para conversar, rezar e rir, como só duas meninas sabem fazer, ela me disse: "Mamãe, estou muito feliz que a gente tenha adotado o Jack. Se a gente não tivesse feito isso, não teríamos começado a Noonday Collection. E a Noonday tem ajudado muita gente. Acima de tudo, ela tem ajudado a nossa família".

Naquele momento, percebi que meu trabalho tinha sido um ganho, não um problema para a minha família. Aqueles membros do comitê que eu escutara durante tanto tempo? Bom, para começo de conversa, tirei o *espresso* deles. A última coisa da qual eles precisam é de mais cafeína.

QUATRO

FAÇA-SE VALER

*Acredito que cada um de nós venha do Criador,
seguido por névoas de glória.*
Maya Angelou

Sentei Tessa no meu colo durante nosso culto matinal de domingo na igreja, ajustando seu peso com carinho sobre as minhas coxas, para ter certeza de que ela estivesse segura. Tessa é filha da minha amiga Meagan, adotada por ela na Etiópia. No dia seguinte, ela começaria o jardim da infância. Ao fechar minha mão ao redor dos seus dedos minúsculos, não pude deixar de pensar na minha própria experiência no jardim da infância. Havia a parede com o alfabeto, o bichinho de estimação da classe e a minha professora, a sra. Plant. Mas a lembrança que se sobressai a todas é o *playground*, onde me chamaram de gorda pela primeira vez.

Estremeci com a lembrança, principalmente ao imaginar Tessa movendo sua cadeira de rodas elétrica amarela até o *playground*. A meiga Tessa, com o sorriso de uma estrela de cinema. Tessa, personalidade da luz do sol. Tessa, sem membros, a não ser aquele que eu segurava com delicadeza. Coloquei minha outra mão em suas costas e rezei por ela, enquanto os músicos começavam a tocar uma música: "Ele nos ama", eles cantaram, "ah, como nos ama…".

Senti a voz dela reverberar das suas costas à palma da minha mão, enquanto ela soltava os dedos dos meus, para erguer seu bracinho no ar, cantando com toda a força dos seus pulmões. Senti a lembrança opressiva do jardim da infância se dissipar, juntamente com meus medos pelo primeiro dia de Tessa. Naquele momento, nossas almas sentiram o peso do nosso valor. Afinal de contas, nosso patrimônio não está no nosso corpo.

***

Se você tem certa idade e for norte-americana, lembra-se da mania por saúde da década de 1980, caracterizada, entre outras coisas, pelos Devil's Food Cookie Cakes da SnackWell's, de um simpático guru *fitness*, cabelos com permanente, chamado Richard Simmons, e de uma iniciativa nacional financiada pelo governo para promover hábitos saudáveis entre as crianças, chamada Presidential Physical Fitness Test (Teste Presidencial de Boa Forma Física).

Eu me lembro de amarrar meus tênis durante a aula de Educação Física, na manhã do teste da nossa escola, rezando para que um tornado entrasse arrebentando a cidade, para que tudo aquilo fosse cancelado, ainda que, em nossa região, teria sido a primeira vez na história que tal fato ocorreria. Como parte do programa de boa forma, os alunos do ensino fundamental tinham que correr 1,5 km – tudo isso, o que eu nunca tinha feito na minha vida – num determinado período de tempo. Eu não sabia muito bem o que aconteceria se a) nós não corrêssemos toda a distância; ou b) levássemos mais tempo correndo do que o tempo concedido, mas sabia que minha professora de Educação Física não estava brincando.

Os primeiros esforços dessa professora para nos preparar para o teste veio sob a forma de um estímulo verbal: "Vamos lá, gente! Mais rápido!", ela gritava da beirada do campo. Por fim, vendo que por mais que gritasse, não conseguiria fazer as perninhas de Jessica Mayfield irem mais rápido, veio com uma nova estratégia.

"Tome", ela disse um dia, durante a aula, enquanto entregava uma ponta de uma corda de pular para mim, e a outra para uma das meninas mais rápidas do meu ano. "Você segura essa ponta, e a Beth segura a outra. Ela vai correr no ritmo normal, e você só tem que acompanhá-la." Lembro-me de ser arrastada ao redor de todo o campo, mal conseguindo segurar a corda com as minhas mãozinhas suadas.

Acompanhe, Jessica! Mais rápido!, era tudo o que eu conseguia dizer para mim mesma.

Aquela agonia da corda de pular é uma dessas lembranças que parecem muito insignificantes até eu perceber o espaço que ela ainda ocupa ali, no fundo do meu subconsciente, depois de todos estes anos.

Como se vê, não era apenas minha avaliação em ginástica que estava ligada àquela experiência, era essa ideia de que eu tinha de "acompanhar" para ter valor. Quando corremos atrás do nosso valor, em vez de aceitá-lo, acabamos ficando sem fôlego.

***

Na minha própria vida, lutei para matar o unicórnio que diz que eu, *finalmente*, pertencerei e que, *finalmente*, serei digna de aceitação quando encontrar a perfeição – a versão, digo a mim mesma, que outros querem que eu seja. Só então, serei convidada a ocupar um lugar permanente à mesa.

Não sei ao que sua corda de pular está amarrada, mas posso tentar adivinhar de um jeito educado. Se você for igual a cem por cento das mulheres de quem sou amiga, com quem trabalho, sou vizinha, ou encontro acidentalmente na fila do caixa da Target, então aqui estão algumas coisas que a arrastaram, ainda estão arrastando, ou um dia tentarão arrastá-las ao redor daquele campo, acompanhadas por uma voz torturante que grita: "Acompanhe!".

- *como você quer que os outros a vejam*
- *seus erros ou sucessos passados*
- *suas contas na rede social*
- *o tamanho do seu jeans*
- *as notas, o desempenho atlético e as atitudes dos seus filhos*
- *sua lista de obrigações aparentemente infinita*

As mulheres que encontro, e a que me cumprimenta no espelho todas as manhãs, se atormentam com todo tipo de coisas que nos lembram que não somos suficientes.

Mas se existe uma coisa que parece vir em primeiro lugar para a maioria das mulheres que encontro, a que nos arrasta pelo campo, bufando e resfolegando, totalmente incapaz de acompanhar, é isso: *nossa própria definição limitada e excessivamente retocada de beleza.*

Aquilo a que você e eu tendemos a nos entregar, o cabresto em que amarramos nossas vidas de bom grado, é a busca pela beleza nos termos de outras pessoas. E é aquela corda que, por maior que seja a tesoura que tenhamos em mãos, parece grossa demais para ser cortada.

Há chances de que você tenha se sentido menos do que satisfeita com o seu corpo *pelo menos* uma vez na vida. Um estudo internacional mostrou que 98 por cento de todas as mulheres querem mudar pelo menos um aspecto de sua aparência física. Não é preciso ser matemático para deduzir, então, que apenas dois por cento de nós se acham bonitas exatamente como são.

Da mesma maneira que me permiti ser arrastada por outra pessoa, por aquele campo da Educação Física, você e eu nos permitimos ser arrastadas por uma definição de beleza que é, no mínimo, fraudulenta. Com relação às expectativas estéticas em relação às mulheres atualmente, ninguém disse nada melhor do que Tina Fey: "Agora, espera-se que toda mulher tenha olhos azuis caucasianos, lábios cheios espanhóis, nariz clássico de botão, pele asiática sem pelos com um bronzeado californiano, um traseiro de salão de dança jamaicano, longas pernas suecas, pequenos pés japoneses, abdômen de uma proprietária lésbica de academia, coxas de um menino de nove anos, braços da Michelle Obama... A pessoa mais próxima de realmente chegar a esta aparência é Kim Kardashian que, como sabemos, foi produzida por cientistas russos para sabotar nossos atletas"[8].

Isso meio que resume tudo, certo?

Você e eu rimos da avaliação exagerada, mesmo vivendo como se ela fosse verdade. E, baseado na estatística atual, nós *realmente* acreditamos que seja verdade. Na última estimativa, as norte-americanas gastam, anualmente, mais de 60 bilhões de dólares em truques para perda de peso e tendências[9]. Seus olhos estão desfocados com tantos zeros? Vou contá-los para você. São doze. *Doze* zeros. O que significam sessenta bilhões de dólares, mais do que o gasto bruto com produtos domésticos de todos os países com os quais a Noonday trabalha.

Seja na contagem de calorias, de carboidratos, de keto, de macros, no jejum de limonada ou de sucos, as autoridades em *know--how* de dietas garantem que podemos conseguir o corpo dos nossos sonhos se nos esforçássemos o bastante, e nós acreditamos nisso de olhos fechados. E, no entanto, quer saber o que não passa de papo furado? *Isso. Exatamente* essa crença.

Mas, então, por que escolhemos acreditar nisso?

Alguém se habilita a ser Kim Kardashian?

Ansiamos por sentir que pertencemos. Queremos saber que somos aceitas e adoráveis e achamos que, tendo a aparência dela, seja *ela* quem for na época, conseguiremos essa aceitação.

O prolífico autor C. S. Lewis pode muito bem ter inspirado aquele discurso delicioso de Tina Fey. Em seu ensaio *O peso da glória*, ele explica que todo ser humano quer ser apreciado, aceito e amado por Deus, mas em vez de olhar para Deus para a realização, transferimos esse desejo profundo de aceitação pelo divino para uma aceitação por *todos*[10]. Como se fôssemos puxados pela corda de pular, corremos atrás de uma valorização, ainda que a tenhamos tido o tempo todo. Somos aceitos – total e completamente – por um Deus que não comete erros. Maya Angelou expôs isso muito bem em uma entrevista na Academy of Achievement, ao dizer: "Acredito que cada um de nós venha do Criador carregado por momentos de glória". Resumindo, é isso. Amém.

***

Para muitas das mulheres que conheço, inclusive eu mesma, a relação adversa que temos com nossos próprios corpos se inicia cedo na vida. A minha começou aos oito anos quando, junto com minha mãe e meu irmão, fui para minha primeira reunião do Vigilantes do Peso. (Não seja dura com minha mãe. Isso foi durante aquela moda contra a gordura, lembra-se? *Todas* nós ficamos malucas.) Ter entrado na fila com um bando de mulheres para subir naquela balança indomável e me pesar semanalmente me faz sentir até hoje um pouco enjoada.

Mais tarde, quando eu estava no *junior high*, fui para um acampamento de verão onde havia uma atividade superdivertida chamada *The Blob* (A Gota) – uma espécie de boia de lançamento, posicionada na superfície do lago sob uma plataforma alta, esperando cada criança saltar voando.

Aquilo funcionava da seguinte maneira: uma criança se sentava na Blob, enquanto outra subia a escada para o alto da plataforma e pulava na outra extremidade da Blob. A força da aterrissagem de quem pulava na Blob impulsionava a primeira criança no ar e, por fim, para dentro do lago. Em pouco tempo, os campistas perceberam que, para ficar mais tempo no ar, fora da Blob, era preciso que quem pulasse fosse mais pesado do que você.

Adivinha quem todos queriam que pulasse para eles?

Eu preferia ser considerada alguém de "compleição atlética", mas o fato era que, simplesmente, eu era bem maior do que várias das (pequeninas) meninas do meu chalé.

Verão após verão, eu podia ser vista ali, indo para o fim da fila, com todas as crianças magrelas na minha frente, animadíssimas porque conseguiriam pular bem alto e cravar um salto mortal. Quando eu era adolescente, já tinha internalizado, plenamente, algumas mensagens importantes, ou seja, se eu ficasse incrível de biquíni poderia levar uma vida de "primeira da fila" e escapar dos sentimentos de rejeição e vergonha; se fosse mais magra, poderia finalmente pertencer; se pudesse, de certa maneira, diminuir cada vez mais, também poderia dar saltos mortais. *Eu teria mais valor se pudesse, simplesmente, estar no começo da fila.*

Quanto mais eu acreditava que ser menor aliviaria todos os sentimentos de rejeição, mais eu fazia dietas. Quanto mais eu fazia dietas, mais sentia que poderia controlar uma vida sem dor. Mas, mesmo obcecada em lidar com cada mínimo aspecto da minha aparência física, na esperança de chegar à frente de uma fila imaginária, lá no fundo eu sabia que aquilo não era exatamente *viver*.

Levei essa mentalidade até a fase adulta.

Ao engravidar, tive vergonha de ter que me pesar nas minhas consultas pré-natais, exatamente como eu tinha que fazer naquela época do Vigilantes do Peso. Quando faltavam umas três semanas para o parto do meu primeiro bebê, minha menina querida, Amelie, me lembro de deitar no sofá, com os tornozelos inchados, zapeando os canais.

Ali, na tela, estava a *supermodelo* sempre linda Heidi Klum, desfilando na passarela da Victoria Secret, apenas seis semanas depois de dar à luz. *Espere aí*, pensei, forçando o cérebro perante a realidade paradoxal com a qual me confrontava. Um mês antes, eu tinha visto Heidi na revista *People*, com seu bebê minúsculo aninhado nos braços.

Conforme Heidi bamboleava, se pavoneava e posava na minha tela, pensei: *Uau, que alívio! O peso do bebê deve sair imediatamente de uma pessoa. Não tenho nada com que me preocupar a esse respeito.*

Corte para a cena do meu ingresso em uma academia de ginástica cerca de dez meses depois, cheia de peso do bebê ainda consolidado nos meus quadris, e pronta para estrangular a meiga Heidi Klum.

Tinham me enganado. Eu tinha sido, oficialmente, Klumada.

Mesmo assim, queria perder o peso da gravidez. E por meio de uma interessante barganha, em que Joe desempenhou alguns serviços de quebra-galho, consegui uma sequência de aulas grátis de ginástica, com um *personal trainer* chamado Jeff. Levei só duas aulas para começar a me queixar: Por que eu não estava perdendo peso como uma supermodelo? Pra que servia um *personal*, afinal?

"Jessica", Jeff, que conhecia meu marido havia anos, disse: "Para começo de conversa, você nunca se pareceu com a Heidi Klum. Joe não se casou com a Heidi Klum. Ele se casou com *você* e parece bem empolgado com isso".

Por um instante, pensei ser uma ofensa sua sugestão de que eu nunca seria uma supermodelo. Mas, depois que a ficha caiu, percebi como meus padrões estavam fora do real. Eu precisava aceitar meu corpo do jeito que era, o que, agora, incluía estrias e uma barriga enrugada. Naquele dia, saí da academia uma nova mulher. Bom, pelo menos uma mulher com uma nova perspectiva.

Embora a verdade contida nas palavras de Jeff tivesse ressoado em mim, eu ainda não tinha aceitado aquilo plenamente. Na aula seguinte, informei a Jeff que, embora eu tivesse gostado da delicadeza do que ele havia me dito, ainda havia o peso da gravidez a ser considerado. Pedi um planejamento, o número de calorias a ser consumido, o necessário jejum de açúcar a ser cumprido; em outras palavras, eu precisava da *receita*.

"Jessica, acho que você sabe exatamente o que fazer", Jeff respondeu. "Está na hora de confiar em si mesma".

Confiar em mim?

Ele estava falando sério?

Enquanto eu ofegava na academia, essa verdade era um osso duro de roer. A jornada de dietas que eu tinha começado aos oito anos havia me ensinado a não confiar no meu corpo; que a fome não deveria ser considerada, e que o caminho da comida dietética da Lean Cuisine se estendendo à minha frente levaria, invariavelmente, a um corpo novo e melhor, se, pelo menos, eu seguisse as regras. No entanto, as palavras de Jeff, me incentivando a confiar em mim mesma e deixar de lado o sonho de uma receita para uma boa forma, abalaram meu enfoque de uma vida inteira sobre uma recuperação. Ele começou a mostrar que meu corpo não era um problema que precisava ser consertado. Meu corpo era uma dádiva que pedia aceitação e nutrição.

Vários anos depois dessas aulas de exercícios, percebi que seria bom ter uma ajuda profissional do tipo terapêutico. Eu reproduzi essas conversas com minha terapeuta, Kathleen, que escutou pacientemente e depois disse: "Jessica, seu *personal* disse a coisa certa. Você jamais alcançará o que quer na vida enquanto não confiar em quem estiver te levando até lá".

Ah, as mentiras que tive que deixar para trás, na esperança de gostar de mim.

***

Podemos ser sinceras por um minuto? Gostaria de escrever este capítulo das alturas de uma vitória, em vez de das profundezas aterradoras da vulnerabilidade. Imaginava escrevê-lo depois de Kathleen ter afirmado em uma de nossas consultas às quartas-feiras de manhã: "O que está te segurando? Você está muito melhor!", enquanto me entregava um certificado contendo uma grande estrela dourada.

Naquela realidade em branco-e-preto, eu poderia falar com você no passado e entregar-lhe a minha história bem embrulhada, com um lindo lacinho em cima, mas a verdade é que isso permanece na trajetória. Outro dia mesmo, reclamei com meu marido do tamanho do jeans que eu tinha acabado de comprar, ao que ele respondeu: "Querida, é só um número na etiqueta. Seu número é Perfeito".

Foi meigo ele me dizer isso, mas me esforcei para assimilar essas palavras.

A verdade é que ainda me esforço muito, diariamente, para aceitar o meu corpo com gentileza, apreciação e generosidade; para acreditar que estou bem, que assim basta, que não preciso diminuir para ser aceitável. E ainda que eu tenha realmente progredido na ampliação da definição de beleza para me incluir nela, continua sendo uma jornada imperfeita. Mas, atualmente, celebro o progresso e não a perfeição, e quero que você faça o mesmo. Ei, tive uma ideia. Por que não passamos um tempinho arrancando as etiquetas dos nossos jeans, das camisetas e maiôs, e costuramos a verdade de quem somos realmente: tamanho Perfeito?

Acho que podemos chegar lá, sobretudo se formos juntas. Vou passar o resto deste capítulo refazendo essa jornada, a jornada da descontração.

***

Um dos meus aspectos preferidos da Noonday Collection é o fato de ela ser *propositalmente imperfeita*. Com o uso de materiais nativos e naturais, como os chifres de búfalo asiático do Vietnã, cuja cor varia de chifre para chifre, e a pele de cabra da Índia, que escurece com o tempo, nossos parceiros artesãos criam peças únicas no sentido mais verdadeiro do termo. São artesãos extremamente talentosos e inabaláveis na dedicação a suas peças, mas o que acontece com materiais naturais e acessórios feitos à mão é que, nunca se sabe, exatamente, qual será o resultado, e existe algo de especial nisso.

Cada vez mais, acho a imperfeição bonita, até *desejável*. E não estou apenas falando de adereços aqui. Estou também falando de mim e de você. O imperfeito é o novo e aprimorado perfeito, você não acha? É muito mais interessante de observar.

E se mudássemos a definição cultural de beleza em nossas mentes?

Em vez de uma perfeição retocada, poderíamos celebrar a beleza na imperfeição.

Em vez de uniformidade, poderíamos acolher a individualidade.

Kathleen me lembra: "Jessica, você foi criada à imagem de Deus. A gravidade é fixa, não é para ser discutida, mas nossa definição cultural de beleza não é fixa. Precisamos questioná-la".

Imediatamente, vi que ela tinha razão. O que parecia bom trinta anos atrás não é considerado nem um pouco bonito hoje (vem-me à mente franjas gigantes com laquê), e as tendências que buscamos feito loucas agora um dia serão ridículas.

Não apenas a definição de beleza flutua através da história, como é definida de maneira diferente pelas diversas culturas.

Na África, quadris grandes são o sonho de toda mulher, enquanto que o fato de ser magra sugere empobrecimento. Uma vez, Jalia e eu estávamos caminhando por uma rua em Uganda, quando uma amiga que ela não via há um tempo se encontrou com ela e exclamou: "Jalia, você com certeza ganhou uns quilos". Fiquei mortificada, mas Jalia recebeu o cumprimento da maneira pretendida, com um sorriso caloroso e radiante.

Na América Latina, não é difícil ver dentes da frente de ouro, às vezes até com estrelinhas impressas. Para eles, esses dentes não apenas são lindos, como também são uma demonstração de que têm dinheiro suficiente para a higiene dental.

Enquanto escrevo este trecho, estou aninhada na casa do lago dos pais de Joe, ao norte de Indiana, durante as férias de verão da família. Estando aqui, me vem a lembrança de que a comunidade de Joe, tradicionalmente, se preocupa muito mais com fazer tortas deliciosas do que em ter coxas magras. Ele cresceu em uma igreja que aprecia a simplicidade, inclusive na maneira de se vestir, o que significa que sempre que visito esse lugar, tendo a deixar meus chamativos brincos em casa. Além da pouca pressão na hora de fazer as malas, sou estimulada pela facilidade disso tudo. Passa pela minha cabeça que minha definição de beleza se originou do panorama da revista assinada na minha juventude, o que significa que é tão subjetiva quanto possível.

* * *

Quando ampliamos nossa definição de *beleza*, incluindo "*design* imperfeito", aceitamos a diversidade em vez da mesmice e aprofundamos nosso entendimento de beleza e valor. Lembro-me de uma escritura que diz que Deus fez o homem e a mulher à sua imagem, considerando-os "muito bons"[11]. Uma vez, li que "muito bons" naquela passagem é o mesmo termo usado para "lindo" em hebraico original. Sim, é como ressoa. Somos lindos, somos valiosos e somos amados.

Na Noonday, enquanto nos divertimos com brincos chamativos, paleta de cores e identificação de tendências, comemoramos o fato de o valor de uma mulher não ser justamente definido por nada disso. Moda é divertimento, é celebração, um ponto de ligação. Pode ser um espaço para celebrar a beleza da variedade imperfeita. Mas quando o rosto de uma mulher se ilumina em um bazar, quando ela coloca aqueles brincos coloridos, não é o adereço que a torna bonita; é *ela*. Todo acessório é um veículo para expressar sua beleza, algo que já se encontra lá.

Na minha primeira visita para conhecer Jalia, me lembro dela espiando sobre o meu ombro, enquanto eu me embonecava para algumas fotos que iríamos tirar de todas nós para nosso primeiro *site*. Minha amiga fotógrafa, Wynne, tinha ido conosco para Uganda por aquele motivo, então o rímel estava em ordem. Se você perguntasse a Jalia como ela se sentia em relação a ela mesma à época, ela diria que a pobreza a empurrara para o sofá metafórico e a convencera de que era lá que ela ficaria. Ela se sentia pequena, calada, não se achava merecedora de um batom.

Flagrando seu olhar, eu disse: "Jalia, agora você é a chefe de uma empresa de moda. Está na hora de ser dona dessa parte da sua vida!"

Ela pediu o rímel e, então, surgiu uma maquiagem completa. Desde então, andamos trocando roupas uma com a outra. "Trate-se como você merece", incentivei-a, enquanto ela aplicava cor em seus lábios carnudos. Jalia assimilou sua nova aparência e sorriu. "Linda!", disse, em seu sotaque leste-africano, ao levantar ligeiramente o queixo e posar para o espelho.

"É", eu disse. "Você é."

Sendo mulheres, podemos escolher pôr ênfase demais na aparência, a ponto de paralisar nossas vidas, ou podemos pôr a aparência em seu lugar adequado e simplesmente nos divertir um pouco. Quando a aceitação está no lugar certo, partimos para realizar o trabalho para o qual fomos criadas, ou seja, amar os outros.

Amar os outros é uma tarefa importante, e volto a citar a pesquisa de Brené Brown que diz que só podemos amar os outros o tanto quanto amamos nós mesmos e que "nossa sensação de pertencimento nunca pode ser maior do que nosso nível de autoaceitação"[12]. Uma coisa é minha falta de autoaceitação, ao experimentar um jeans, na Nordstrom, afetar apenas a mim mesma, outra completamente diferente é ela me impedir de aceitar as outras pessoas.

Então, o que fazer? É a essa pergunta que gostaria de me dirigir.

A aparência tem sido o assunto de parágrafos demais na minha própria vida, mas lentamente fui aprendendo como reescrever essa história de um ponto inesperado: minha trajetória de adoção. Enquanto Joe e eu estávamos no processo de adotar Jack, sabíamos muito pouco sobre a elasticidade do cérebro e sua habilidade em recompor lembranças, expectativas e pensamentos.

Para nós, os momentos de "ahá" começaram a vir quando lemos um livro chamado *The Connected Child*, de Karyn Purvis. Nele, a autora explica o cenário emocional de crianças que estiveram em orfanatos e depois acompanha pais adotivos no processo de encontrar uma cura familiar e uma esperança. Logo no começo da obra, li essas palavras: "O cérebro humano é uma máquina poderosa; ele pode forjar, fisicamente, conexões neurais durante toda a nossa vida"[13]. Os velhos padrões que Jack tinha aprendido, e que não estavam lhe fazendo bem, poderiam ser desaprendidos.

Enquanto seguíamos por este processo de desaprender e reaprender com Jack, comecei a imaginar que talvez eu pudesse preencher as brechas com maneiras novas e mais estimulantes de pensar por mim mesma. Todas as coisas que eu tinha aprendido, eu poderia desaprender. As coisas que você aprendeu? Você pode desaprendê-las também. Ficou claro para mim que, se algum dia esperei me aceitar reflexivamente, precisaria repensar as histórias sobre meu próprio valor, que eu vinha contando para mim mesma havia tanto tempo.

***

Vários anos antes de ter filhos, fui à minha primeira aula de *hot yoga*. Bom, preciso lembrar a você que moro no Texas. Se eu quiser uma *hot yoga*, tecnicamente só preciso ir lá fora, fazer uma postura do Cachorro de cabeça para baixo e dar por encerrado. Por que desembolsei um dinheiro suado para me assar quase a ponto do esquecimento, ainda não sei. Mas, dane-se. No final, fiquei feliz de tudo ter acontecido exatamente como aconteceu.

No final daquela aula de *hot yoga*, enquanto estávamos ali, deitados na postura do cadáver, quentes, suados e retorcidos, a professora diminuiu a luz, abaixou a música e começou a nos incentivar a fechar os olhos, respirar mais devagar e deixar nossos membros se afundarem no tapete.

Vendo-me ali deitada durante os preciosos minutos de queima de calorias, que eu tinha programado para meu período diário de exercícios, percebi com clareza chocante que não tinha sido feita para me tornar uma iogue. Exatamente nesse momento, a professora interrompeu meus pensamentos: "Agradeça ao seu corpo por ele ter se movimentado tão bem para você hoje", ela dizia. "Dirija sua gratidão para suas mãos, seus braços, suas pernas, seus pés. Reconheça todo o empenho e a persistência que ele demonstrou durante os seus exercícios e agradeça". Ela caminhou entre nós e deu um aperto estimulante em vários dos nossos ombros.

Para minha surpresa, lágrimas quentes saltaram dos meus olhos ainda fechados. *Agradecer ao meu corpo? Por que eu faria isso?*

Eu tinha passado tantos anos – àquela altura eram décadas – empurrando o meu corpo, cobrindo o meu corpo, desprezando o meu corpo, que a ideia de lhe agradecer me pegou completamente desprevenida. Eu sempre tinha sido uma *empurradora*, me empurrando para a perfeição, me empurrando para a perda de peso, me empurrando para uma versão idealizada de mim mesma, que sempre parecia perto o bastante para almejar, mas longe o bastante para conseguir. No entanto, ali no tapete, com o cabelo empapado de suor grudado no rosto, percebi, pela primeira vez, que poderia haver outra maneira. Talvez eu não precisasse empurrar tanto. Talvez, em vez disso, eu pudesse *puxar*. Poderia me puxar para um abraço.

Pensei em qual seria a sensação de me receber de uma maneira assim generosa. Relembrei aquela experiência com a corda de pular, na escola fundamental.

Por que eu simplesmente não soltei?, especulei. *Do que eu tinha medo que acontecesse se eu soltasse? Por que não insisti em correr no meu próprio ritmo, em vez de ceder às expectativas que alguém tinha sobre mim?*

Imaginei como seria me receber por inteira, de braços abertos... Meu ritmo, sim, mas também o meu rosto.

Minha aparência.

Meu peso.

Minha pele.

Meu sorriso.

Meu estilo, minhas peculiaridades, minha energia.

Podemos escolher não rejeitar mais nossos corpos, e, em vez disso, recebê-los com um abraço agradecido. Garanto que posso descobrir para você, imediatamente, alguma cultura que acredite que o atributo que você ache menos atrativo seja, de fato, lindo. Podemos nos soltar da corda de pular, que está presa a um padrão que não foi feito para perseguirmos, e correr no nosso próprio ritmo. Podemos escolher acreditar em nosso valor, quer tenhamos cabelo grosso ou fino, pele clara ou escura, gorduras extras ou uma estrutura muito magra. Somos admiráveis porque estamos aqui!

Frequentei o acampamento de verão durante sete anos, o que soma muitas horas esperando no final da fila para pular da plataforma da Blob, dizendo a mim mesma que, a não ser que eu fosse uma menina magrela com um biquini no começo da fila, não pertenceria.

E se essa lembrança pudesse ser refeita? Enquanto re-imagino essas lembranças na plataforma da Blob, imagino o Deus que conheço me levantando, me colocando naquela plataforma alta e cochichando para mim: "Você não é pesada". Olho para minhas colegas de chalé, lá embaixo, e em vez de uma longa fila, vejo um grupo de meninas me animando para aquele salto corajoso.

Meu pertencimento não está no meu corpo. Minha aceitação não é conquistada por meio de um formato em particular. E, de um jeito igualmente lindo e trágico, essa aceitação tem que começar comigo.

O que você diz? Você diz que, todos esses anos, anda contando para si mesma uma história completamente diferente? Ah, bom, tenho boas notícias para você: *seu cérebro pode ser reformatado*. Você pode interromper todas as velhas histórias e, dessa vez, escrever uma versão centrada em merecimento. Você não precisa perder peso, perder a personalidade forte não precisa perder *nada* para ser amada.

E, felizmente, nem eu.

Você e eu? Somos amadas como somos, bem aqui, bem agora, com estilo, sem estilo, parecendo bem, parecendo cansadas, com qualquer aparência que quisermos. Só quando nos aceitamos do jeito que somos é que criamos um ambiente para mudança.

Em primeiro lugar, a aceitação; depois, a mudança. Uau, entendi isso ao contrário por um período longo demais.

***

Então, como fazemos para treinar nossos cérebros numa fala de amor e bondade em nossos momentos tranquilos, em vez de permitir que a vergonha e a crítica se instalem? Começa com o reconhecimento da voz do MCM como errada e a substituindo por compaixão.

A verdade é que lembranças e perspectivas negativas ficam presas em nós com muito mais frequência do que as agradáveis. A psicologia chama isso de propensão a dar maior peso psicológico a experiências ruins, o "viés negativo", o que só é prejudicial. Por quê? Porque para cada experiência negativa é preciso até *cinco experiências positivas* para compensá-la[14]. Além disso, essa experiência negativa pode mudar nossa perspectiva, de modo a passarmos a ver as futuras experiências benignas como negativas. Isso só confirma a mensagem negativa, e o ciclo se repete. O que fazer? Precisamos dar uma parada, e perceber que estamos construindo uma confirmação ao redor da história errada e romper essa reação em cadeia; primeiro, identificando as mentiras que ela nos conta, e depois, escolhendo, em vez disso, acreditar no melhor.

Nesses momentos, quando a negatividade ameaça forçar seu caminho entre a autoaceitação e a mim mesma, pego um pedaço de giz e, com um propósito firme, desenho um círculo de compaixão à minha volta. Dentro desse círculo, não é permitida nenhuma voz com alfinetadas, nenhum julgamento implacável, o apego a nenhuma insegurança. Esse círculo é um lugar onde me exibo para mim exatamente como sou.

Desenhe o círculo para si mesma e não permita que seus pensamentos ataquem sua alma com palavras duras. Fale consigo mesma com delicadeza, como faria com uma amiga querida. Em vez de usar palavras que a definam por suas limitações, escolha palavras que enfatizem, em primeiro lugar, e acima de tudo, sua humanidade e seu valor intrínseco. Na comunidade de desenvolvimento, essa abordagem das palavras que escolhemos é chamada de linguagem centrada na pessoa[15], e é o dialeto do merecimento por completo.

Precisamos reconsiderar os rótulos que colocamos em nós mesmas e nos outros. Quando nos rotulamos de acordo com apenas uma faceta da nossa vida multifacetada, *nos vemos como pessoas parciais*. Isso não nos ajuda em nada... Ou, pelo menos, não ajuda quem almeja viver por inteiro.

Em vez de se chamar de "perfeccionista", diga que é "uma *pessoa* que tende a ser perfeccionista".

Em vez de se chamar de "viciada", diga que é "uma *pessoa* que luta contra o vício".

Em vez de se chamar de "sem estilo", diga que é "uma *pessoa* para quem o estilo pode ser desafiador".

Em vez de se chamar de "tábua", diga que é "uma *pessoa* com seios menores".

Em vez de se referir a qualquer um dos milhares de outros rótulos, eleve sua personalidade para a linha de frente da conversa. Lembre-se que, antes de qualquer coisa, você é uma pessoa valiosa. Quando falamos dessa maneira, reconhecendo a nós mesmas e os que estão à nossa volta como pessoas merecedoras de dignidade, em vez de limitar tantas qualidades maravilhosas a caixinhas organizadas, mas lamentavelmente incompletas, demonstramos nossa compreensão de que, independentemente de nossas *almas ímpares*, nosso *valor ilimitado* e nossa *vasta importância neste mundo*, tudo o que permanece são meras frases preposicionais.

***

Em uma viagem à Etiópia, vários anos atrás, levei comigo Amelie, que, na época, tinha seis anos, e minha amiga Meagan, mãe de Tessa. Nós três não apenas visitamos os parceiros artesãos da Noonday, como também acompanhamos Meagan ao orfanato, onde ela deveria encontrar Tessa pela primeira vez. Naquela viagem, Meagan, que já tinha adotado um menino também com diferenças nos membros, ensinou Amelie e a mim como tratar Tessa concretamente não como uma "menina deficiente" (sendo que, em inglês, "deficiente" vem em primeiro lugar, "disabled girl"), mas como uma "menina com diferenças nos membros" ("a girl with limb differences"). Assim, a palavra *menina* vem em primeiro lugar, e não sua definição pelas diferenças. Uma menina cujo valor não é encontrado nos membros.

Você percebe o poder desta mudança?

Não seria incrível se todos nós pudéssemos aplicar esse pensamento, em que a pessoa vem em primeiro lugar, em nossa interação uns com os outros? Olhar para cada um e ver a *pessoa como um todo*?

Existe um ditado em Uganda que minha família usa como sendo nosso: "Você está muito elegante hoje". Essa expressão é usada quando se fala de aparência, mas também diz muito mais para a pessoa como um todo. Sendo mulher, sei que nossa intenção é boa quando nosso elogio foca em todas as coisas externas. E saiba, adoro um bom elogio ao meu novo corte de cabelo e aos meus brincos chamativos, tanto quanto qualquer mulher. Mas com que frequência nós, mulheres, expressamos admiração pela segurança de outra mulher quando ela faz uma palestra, ou pela sua bondade em relação a outras pessoas, ou pela habilidade na liderança?

Talvez, ao reencontrar uma velha amiga, em vez de dizer: "Você emagreceu bastante desde a última vez que te vi", possamos dizer "Nossa, você está mesmo brilhando hoje". Em vez de dizer: "Este vestido faz com que você pareça cinco quilos mais magra", digamos: "Este vestido te faz parecer muito confiante". Isto é algo que incentivei minha comunidade de embaixadoras a praticar e algo em que também venho trabalhando: ser generosa nos elogios que celebram outra mulher pelo que ela é, e não apenas pelo que ela usa.

***

Quando adotamos esse tipo de vivência gratificante, o *impacto vai além de nós*. Se for verdade que só podemos amar, aceitar e apoiar outras pessoas na medida em que amamos, aceitamos e apoiamos a nós mesmas, e acredito nisto, então nossa capacidade de participar de relacionamentos saudáveis, colaborativos e estimulantes depende do nosso próprio tratamento. Vamos depreciar, difamar e rejeitar a nós mesmos e, assim, rejeitar também os outros? Ou escolheremos nos fazer valer e assim ajudar os outros a também encontrar merecimento?

Antes dessa viagem mais recente de embaixadoras a Uganda, Jalia perguntou se as embaixadoras poderiam levar batons como um presente para suas funcionárias. "Agora que uso batom e cuido da minha aparência, minhas funcionárias querem fazer o mesmo. Elas adorariam um batom. De preferência, vermelho."

Então, uma tarde, durante nossa visita, tiramos os cem tubos de batom que havíamos levado e fizemos uma festa de batons animadíssima. Se você der uma olhada nas fotos daquele dia no meu álbum, vai ver uma cena realmente linda: mulheres confiantes abraçando umas às outras calorosamente, com familiaridade e afeto, todas ostentando lábios bem vermelhos.

O que, de fato, estava acontecendo naquelas fotos, e que talvez você não perceba, era que, ali, entre aqueles lábios grandes e ousados, mulheres machucadas se juntavam para dizer: "Em nossa definição comum de *belo*, conquistamos um espaço para nós".

PARTE DOIS

JUNTAS É MELHOR

CINCO
ACEITE A VULNERABILIDADE

Quando éramos crianças, costumávamos pensar que quando fôssemos adultos não seríamos mais vulneráveis. Mas crescer é aceitar a vulnerabilidade... Estar vivo é estar vulnerável.
Madeleine L'Engle

Não se deixe enganar pelos meus cílios postiços e pelo ocasional *spray* de bronzeamento: Na verdade, no fundo, sou bem *neo-hippie*. Caso em questão: *Partos em casa*. Sei que isto não tem a exatamente ver com os vestidos de baile da minha juventude, mas a verdade é que, apesar da insegurança sobre a qual você acabou de ler, gosto de ficar nua. Afinal de contas, sou de Austin, onde costumamos dizer que gostamos de manter as coisas esquisitas. Além disso, não moro muito longe de Hippie Hollow, um parque público legalmente reconhecido como "vestuário opcional".

Quando Amelie era mais nova, com frequência tomávamos banho juntas. Um dos motivos de, propositalmente, tomar banho com ela era para que ela pudesse ver uma mulher que não se sentisse envergonhada por estar nua. Tenho lembranças em excesso da minha própria mãe se olhando no espelho e comentando o quanto gostaria de ser mais magra. Foi só quando fiquei adulta que percebi que minha mãe não era gorda. Tipo, *nem um pouco*. Eu tinha olhado para ela através de suas próprias lentes e, depois, comecei a me enxergar também por aquelas lentes, porque é isso o que fazem as filhas.

Certa noite, enquanto Amelie e eu lavávamos o cabelo, ela me perguntou quando poderia começar a depilar os braços. Ainda faltavam anos para a depilação das pernas, e sem uma carreira profissional de nadadora em vista, algo me disse que havia uma insegurança à espreita. Fiz o que toda boa mãe faz: Internamente, pirei.

Nem pensar que minha filha tivesse inseguranças. Juntas, estávamos trilhando um novo caminho de imagem corporal.

Então, ali estava eu, querendo dizer tudo o que fosse certo para lavar, como o xampu do cabelo, qualquer insegurança que Amelie pudesse ter. Por sorte, me contive. Não era necessariamente das minhas palavras que Amelie precisava; o que ela precisava era de um espaço para respirar. Precisava de espaço para ser vulnerável e não de uma estimulante conversa feminista. Abri mão. "Querida, não tem problema em se sentir insegura em relação a alguma coisa. Sabia que eu tive inseguranças em relação ao meu corpo?" Ela me olhou, sem acreditar. Olhei-a nos olhos e disse: "Quando eu era bem pequena, algumas crianças me disseram que eu era gorda. Depois disso, fiquei *completamente* insegura em relação ao meu peso". Então, seus olhos percorreram o meu corpo: As marcas de estrias por carregar Holden, meu filho nascido em casa com 4.5 kg; As marcas resultantes dos herpes zóster causados por todo o estresse envolvido no processo de adoção. E sabe o que ela disse? "Mas, mamãe, você *não é* gorda."

Fiquei um pouco aliviada porque, bom, as crianças são sinceras. Olhando para a minha filha, disse: "Eu sei que não sou, meu bem. Mas, como aquelas crianças me disseram com muita certeza que eu era, escolhi acreditar nisso, em vez de, simplesmente, me aceitar".

Disse a Amelie que tinha levado anos e anos para superar esse comentário maldoso. E, depois, disse: "Mas você não precisa ficar empacada como eu. Não precisa aceitar as opiniões maldosas de outras pessoas, Amelie. E quando você divide sua história num lugar seguro, com alguém como eu, posso te livrar dessas histórias".

Amelie me contou o que estava acontecendo. No ano anterior, ela estava fazendo um cartão de felicitações para Joe, na escola, durante a aula, e a criança sentada a seu lado a viu colorindo os pelos nos braços de Joe e disse: "Seus braços são peludos como os do seu pai". Naquele momento, aquilo passou a ser sua história. Suas lentes.

Até aquela noite no chuveiro.
Até a vulnerabilidade operar sua mágica não adesiva.

* * *

Exatamente como experimentou minha corajosa filha naquela noite, no chuveiro, não amadurecemos realmente até nos apoderarmos e vivermos nossas histórias no *contexto de outras pessoas*. Certo? O que eu quero dizer é que Amelie poderia ter tido um momento de iluminação quando estivesse sozinha no chuveiro, mas a revelação não teria seguido adiante tanto quanto tê-la ao meu lado. Não podemos crescer sem vulnerabilidade e não podemos ser vulneráveis sozinhos.

Foi essa a lição que Oprah Winfrey disse ter aprendido depois de passar 25 anos entrevistando inúmeras pessoas no programa que levava o seu nome. Para aqueles que foram privados do *The Oprah Winfrey Show*, enquanto aprendiam a ser adultos, sinto muito, porque ficar adulto é um tremendo esforço, e Oprah suavizava o tranco. Sabe o que ela disse que aprendeu com as trinta mil entrevistas que fez? "Todos eles queriam validação... Toda pessoa que você venha a conhecer compartilha esse desejo comum. Elas querem saber: 'Você me enxerga? Você me escuta? O que eu estou dizendo faz algum sentido pra você?'".[16]

Todos nós queremos ser vistos e escutados. Mas ser visto e escutado, é preciso que aconteçam duas coisas importantes: que a pessoa se mostre e se deixe ser vista (vulnerabilidade), e que, ao juntar a coragem para fazer isso, ela sinta que é escutada (empatia). Reparou em alguma coisa nessa equação? Ela envolve *outras pessoas*, certo?

Talvez a mais enfática demonstração de vulnerabilidade que testemunhei em primeira mão tenha acontecido quando meu amigo Norbert Munana compartilhou sua história de sofrimento e cura comigo. Esse é o mesmo Norbert que representou Joe e eu como nosso advogado, quando estávamos em Ruanda para finalizar a adoção de Jack. Norbert nos acompanhou até a sala do juiz e se sentou ao nosso lado enquanto esperávamos a declaração oficial do juiz, e ali, na sala de espera, estava mais de uma dúzia de homens, todos usando macacões rosa, um claro sinal. Norbert nos explicou que eles eram *genocidas* e que estavam sendo processados por crimes contra seus conterrâneos ruandeses em 1994.

Norbert tem mais ou menos a minha idade, e enquanto ele contava para mim a sua história, não pude deixar de pensar no que eu estava fazendo em 1994. Vieram à minha mente *homecoming mums* (aqueles ramalhetes imensos que as texanas ganham dos namorados para pôr nos vestidos), reuniões do conselho de estudantes e um Mustang amarelo 1967 que ganhei de presente do meu pai quando fiz 16 anos. Mas, para os ruandeses, o ano sempre será lembrado por uma atrocidade: o genocídio ruandês. O 16º aniversário de Norbert, em gritante contraste com o meu, foi passado escondido em uma floresta, como um adolescente recentemente órfão.

Em abril daquele ano, tensões raciais históricas chegaram a um ponto crítico quando o governo hutu acusou o grupo rebelde tutsi, conhecido como Frente Patriótica Ruandesa, pela morte de seu presidente, hutu. Esse acontecimento foi a fagulha que acendeu a fogueira. O governo hutu conclamou para uma extinção completa dos tutsis, referindo-se a eles como baratas que tinham oprimido a maioria hutu por demasiado tempo. Os leais cidadãos hutus foram encorajados a se voltar contra seus vizinhos tutsis sem piedade.

No espaço de quatro meses, quase um milhão de tutsis foram massacrados. Além disso, os hutus descobertos como simpatizantes dos tutsis também foram mortos. Os civis hutus receberam machetes, porretes e facas para cumprir a ordem singular e direta: "Mutilem e matem todos os tutsis. Não deve restar nenhum".

Quando as pessoas tentaram fugir da violência, os policiais e os soldados montaram nas estradas pontos de revista e barricadas, verificaram todos os transeuntes por meio dos documentos de identidade oficiais ruandeses e executaram sistematicamente todos aqueles que portassem um documento constando "tutsi" no canto reservado para filiação étnica.

    Enquanto caminhávamos com Norbert pelas ruas de Kigali, a caminho do fórum, era incrivelmente desanimador pensar que quase todos que encontrávamos com mais de 25 anos tinham sido diretamente afetados pelo genocídio. Os inúmeros órfãos, viúvas e refugiados do país ainda são uma demonstração do legado doloroso de 1994. Apesar de uma tragédia tão devastadora, é surpreendente ver como os ruandeses recuperaram e continuam a recuperar seu país. Norbert é um desses "milagreiros".

***

Quando Joe, Norbert e eu nos encontramos para almoçar, um dia depois do fórum, perguntei a Norbert se ele dividiria sua história comigo. Eu queria saber como o genocídio o havia impactado. Perguntei. Ele desconversou. Então, pressionei. Ele ficou ainda mais evasivo. Fiz uma pausa, tentando ser educada. Algo em seu tom me dizia que, embora ele estivesse relutando para encontrar as palavras, queria expor seus pensamentos. Lentamente, com camada sobre camada de hesitação, contou a mim e a Joe sua angustiante história. Tinha perdido quase toda a família durante os cem dias de história de terror, vinte anos antes. Sua casa fora totalmente queimada; os pais e as irmãs foram chacinados por homens empunhando machetes, enquanto Norbert escutava tudo de seu esconderijo, em um bosque. *Escutou sua família sendo morta*. Seus gritos pavorosos. Seus desesperados pedidos por piedade. O silêncio que sobreveio cedo demais. Lágrimas rolaram pelo seu rosto, enquanto ele contava horror por horror.

    Na noite em que seus pais e suas irmãs foram mortos, Norbert e dois dos seus irmãos correram para se esconder em uma floresta próxima. Sendo o mais velho, Norbert decidiu que eles deveriam se esconder separadamente, assim, se fossem encontrados, não seriam mortos juntos. Inventou uma série de assobios para que os três pudessem comunicar segurança ou perigo, e, durante três meses, tudo o que eles ouviram foram os assobios uns dos outros. Por algum milagre, todos os três meninos sobreviveram para contar seu tormento.

Norbert acabou indo de carona para Kigali, capital de Ruanda, onde, durante meses, sempre que conseguia, fazia bicos, o que, para ele, significava dormir nas ruas por semanas seguidas e procurar comida desesperadamente. Mais tarde, conseguiu encadear trabalhos pagos em número suficiente, não apenas para cobrir suas necessidades básicas – comida, abrigo, água limpa, roupas – mas também uma educação. Apesar das probabilidades impensáveis e das circunstâncias inacreditáveis, Norbert estava determinado a realizar seu sonho de se formar na universidade.

Ele não apenas completou seus estudos universitários, como também se inscreveu, foi aceito e se formou em direito. Ao ser oficialmente declarado advogado, Norbert sabia que queria dedicar parte do seu tempo ajudando órfãos e vulneráveis em seu país. Estava determinado a usar sua educação para ser um advogado para eles, já que ele próprio tinha vivido a dor de ser órfão aos 16 anos. Lágrimas escorreram pelo meu rosto ao perceber que aquele homem estava aproveitando sua própria experiência para trazer nosso filho para casa, de modo a ter um órfão a menos em Ruanda. Refleti sobre os meses que haviam se passado, minha ida apressada a Washington, capital, quando não sabia se aquele processo de adoção levaria Jack a se juntar à nossa família; as noites insones, quando eu ficava imaginando como aquilo tudo evoluiria; as garantias de Norbert, via e-mail, quase que mensalmente. *Não se preocupem*, ele escrevia. *Entendo sua preocupação. Agradeço por amar tanto seu filho. Logo ele será seu.* Sim, Norbert entendia o que estava em jogo para nós, bem mais do que eu jamais poderia saber.

Norbert demonstrou enorme coragem naquele dia, ao compartilhar a história do seu passado estilhaçado. Talvez fosse a distância criada entre nós pela barreira da língua, ou o fato de que Joe e eu vínhamos de milhares de quilômetros de distância, o que fez Norbert se sentir suficientemente seguro para se abrir; às vezes, nossas defesas ficam mais frágeis na presença de estranhos e não daqueles a quem amamos. Damos menos importância ao que eles pensam no momento, e por não nos relacionarmos diariamente, nosso medo de retribuição pelo excesso de compartilhamento tende a ser suavizado. Anos depois, descobri que Norbert não havia exposto os detalhes da sua história a ninguém, inclusive a sua esposa. Ele permitiu que eu e Joe entrássemos. Independentemente de quem esteja escutando, pode parecer incrivelmente assustador se ver naquela encruzilhada, onde é preciso decidir se vamos fingir e apresentar a versão de nós mesmos de acordo com como *queremos* ser vistos ou se vamos nos expor e permitir que nossas verdadeiras individualidades sejam vistas.

Gastei uma quantidade absurda de energia atuando em minha própria história, mostrando certas partes minhas para certas pessoas. Fiz isso por deduzir que se as pessoas soubessem a verdade sobre a história da minha empresa, o fato de ela ter começado à custa de ouro empenhado e num escritório no banheiro, descartariam nosso sucesso. Pensariam que *eu* não era legítima. Mas, conforme comecei a praticar a vulnerabilidade quando surgiu a oportunidade, ganhei confiança na posse da minha verdade, deixando as consequências daquela decisão acontecerem naturalmente.

Fui convidada para eventos exclusivos para CEOs e para participar de painéis com pessoas muitíssimo mais bem-sucedidas do que eu, e em vez de ficar acordada até tarde, fazendo um curso intensivo em artigos do LinkedIn, eu me apresentava dizendo: "Normalmente, sinto que deveria fingir em situações como esta, mas não faço mais isso. Sou uma empresária com apenas recursos próprios, sem experiência prévia em uma equipe executiva, mas muito experiente em confusão". E trazia para aquele grupo, ou para aquele painel, exatamente o que eu tinha para dar, *eu mesma*.

Em outras ocasiões, me vi profundamente envolvida em um dilema de liderança, e em vez de tentar esconder a verdade ("Claro que sei como lidar com uma tabela dinâmica!"), assumi o fato, o bom e o ruim.

Agora, no mês passado, a vulnerabilidade veio à minha procura, quando eu percorria meu álbum de fotos, e uma delas despertou meu então adormecido, MCM. Era uma foto minha com Amelie. Imediatamente joguei a foto na lixeira, esperando que isso, de certo modo, eliminasse as provocações em relação ao meu corpo, que eu ouvia em minha mente. Mas, àquela altura, eu tinha aprendido que exercitar a vulnerabilidade procurando uma amiga piedosa é mais eficiente, então fiz isso. Recuperei a foto da lixeira e a enviei para Stacie, juntamente com um SMS citando meu MCM palavra por palavra, ao que ela escreveu de volta: *Só consigo ver tranças lindas e amor entre mãe e filha. Não deixe que essa insegurança roube a verdadeira beleza dessa foto.*

Se existe uma fórmula que posso dividir com você, é essa: A vulnerabilidade, quando se encontra com a empatia, leva à completude. Funciona assim sempre.

* * *

Quanto mais eu acolhia a vulnerabilidade – essa capacidade em assumir um risco significativo sem saber o resultado –, mais percebia que esse era o caminho para a conexão que eu ansiava. E ela se colocou à minha frente no momento em que Joe e eu decidimos pela adoção. Você se lembra da mãe unicórnio, que queria investir numa parentalidade perfeita que *resultasse* em filhos perfeitos? É, essa era eu nos meus primeiros anos como mãe, mas, depois de adotar Jack, as coisas passaram a ser diferentes. A decisão de aumentar a família por meio da adoção significou nos abrirmos para outra forma de parentalidade. O que aprendemos em todos os seminários a que fomos para nos prepararmos para a adoção foi que nosso objetivo, ao criar todos os nossos filhos, independentemente de suas histórias ou antecedentes, deveria ser, sempre e acima de tudo, a conexão.

Algumas das situações mais difíceis para manifestar vulnerabilidade e empatia envolvem as pessoas que mais amamos. Percebi isso novamente em uma manhã de quarta-feira, antes da escola. A questão era a calça da escola. Ou *duas* calças, para ser precisa. Naquela manhã, Jack havia vestido uma calça que tinha um rasgo em uma das pernas. Moramos em Austin e tudo o mais, mas ainda consigo ser um pouco antiquada. Pelo mesmo motivo que você jamais verá qualquer uma de nós, garotas Honegger, usando *legging* no aeroporto, não queria que ele fosse com a calça rasgada para a escola. Com o tempo passando e uma reunião à minha espera, pedi a Jack que trocasse de calça. Só que não foi exatamente um pedido. Pedir teria sido sensato: "Ei, cara, sua calça está rasgada. Você poderia fazer o favor de trocar por uma que não esteja?".

Não, o que eu fiz pertence mais ao campo da *exigência*. "Você *não* vai pra escola com esta calça. Ponha a que não está rasgada. Estou ficando atrasada!"

Com Jack parado à minha frente, em estado de choque, se recusando a se trocar, me apressei pela cozinha, pegando a pasta com meu notebook, minha bolsa e as chaves e resmunguei: "Você não quer trocar de roupa? Jura? Então eu vou simplesmente levar embora todas as suas calças e você não vai ter que usar nada para ir à escola".

Instantes depois, Jack voou para o quarto, mas não para trocar de calça. Quando fui atrás dele, momentos depois, tinha se afundado na cama, a cabeça coberta pelo cobertor, os pés para fora, onde deveria estar a cabeça, e se recusava a falar. Minha raiva só aumentou.

Fuga. Desligamento. Silêncio.

Senti-me a Mãe do Ano.

É fácil julgar a nós mesmos nessas situações, mas um clima de julgamento, e não de compaixão impede que fiquemos conectados conosco e, por extensão, com os outros. Decidi mudar minha postura defensiva para uma de curiosidade. *O que desencadeia essa minha reação no meu filho?*, me perguntei e com o meu pequeno encolhido sob um cobertor, eu aninhada ao seu lado num abraço de quem pede desculpas, surgiu um padrão claro: Quanto mais Jack se fechava, se isolava e se desligava, mais furiosa eu ficava. Isso não é parentalidade conectada. Não era assim que eu queria viver.

***

Durante aquela temporada de erros na parentalidade (o episódio da calça rasgada foi apenas um de uma sequência de confrontos enlouquecidos entre mim e meu filho), fui para um retiro de liderança, onde um dos palestrantes era o psiquiatra Curt Thompson, autor de *The Soul of Shame*. Sua fala me deixou alucinada, então, assim que ele terminou, fui atrás dele e o encurralei como só uma mulher numa missão pode fazer. "Não estou reagindo bem a um dos meus filhos", eu disse, ainda antes de lhe dizer meu nome.

Curt riu com simpatia e sem perder tempo disse: "Bom, pelo menos você está assumindo a sua parte nisso. Me diga, o que está acontecendo?".

Reproduzir todo o conteúdo do que acabou sendo uma sessão de terapia imprevista seria usurpar todo este capítulo, mas preciso repetir essa pérola de Curt. Ele disse: "Um abismo chama a outro abismo e, às vezes, Deus traz pessoas para as nossas vidas que podem nos ajudar a superar o que precisamos superar – desde que nós deixemos. Nós salvamos uns aos outros, entende? Precisamos uns dos outros para sarar. Qual é o sussurro que você escuta em seu coração quando seu filho te exclui?".

Na verdade, aquele sussurro parecia mais um grito. "Você está completamente só no mundo", é o que ele dizia, "e ninguém virá em sua ajuda". Ver Jack desconectado, praticamente se retirando para uma caverna escura, e pichando "Não Perturbe" na parede do seu coração, desencadeava em mim sentimentos de impotência, de solidão e o mesmo medo que sentia quando era criança. Uma das coisas mais corajosas que podemos fazer é ficarmos quietos e sozinhos tempo o bastante para *sentir* nossos sentimentos, e depois que aprendi a ficar quieta, foi *isso* que eu senti. Sentir nossos sentimentos é vulnerabilidade.

Depois de escavar mais um pouco esse padrão entre mim e Jack no mês seguinte, me reconciliei com parte da minha meninice, enfiada bem lá no fundo, por anos. Esse conteúdo vai ter que esperar outro livro, mas, por hora, tenho a dizer o seguinte: Foi só aceitando o convite que me foi feito por Jack para adentrar a vulnerabilidade que pude demonstrar empatia por sua tendência a se isolar. É impossível criar um espaço para a dor dos outros quando se nega sua própria dor. É preciso coragem para avançar na vulnerabilidade, mas apenas de posse das nossas dificuldades podemos ter empatia. Se quisermos aprofundar nossos relacionamentos com os outros, temos que passar pelo estado de vulnerabilidade.

Se você deseja deixar uma vida de segurança por uma vida de riscos, significado e impacto, por favor, leia isto com atenção: *Você não pode chegar lá sozinha*. Você – até você – foi feita para a vida comunitária. Para florescer, precisamos trabalhar com o companheirismo e não contra ele, e, para valorizar o companheirismo, precisamos sair do isolamento e sermos vistos.

Independentemente da possibilidade de o seu medo ser percebido como fraqueza, você pensar que será um fardo para os outros, não saber se poderá retribuir o favor, ter medo de as pessoas dizerem não, ou ter medo da sua necessidade ser excessiva ou carente, escolher a autossuficiência e o isolamento *nunca é a melhor jogada*. Embora, de fato, possa ser mais seguro se amontoar no sofá para ver as reprises do *The West Wing*, noite após noite, dificilmente essa é a vida para a qual você foi feita. De jeito nenhum este é o significado de *florescer*. Minha amiga, você e eu não podemos servir em um contexto de isolamento. Não podemos doar em um contexto de isolamento. Não podemos crescer em um contexto de isolamento. *Não podemos realmente viver só por nossa conta*. Então, cá estamos, na soleira da vulnerabilidade, sabendo que, simplesmente, temos que deixá-la entrar, porque é na segurança da vulnerabilidade uma da outra que, finalmente, encontramos a cura que procuramos com tanto desespero e frenesi.

Relembro a insegurança de Amelie, aquela que ela dividiu comigo no chuveiro, naquele dia. Por meses e meses, ela me pediu para jurar segredo em relação à exata natureza da dor que sentia. Um ano depois disso ter acontecido, eu estava preparando a fala de abertura para uma conferência. A certa altura do meu esboço, pensei: *A história de Amelie se encaixaria perfeitamente aqui*. Procurei-a para pedir sua permissão. "Claro, mãe!" ela disse. "Mas eu esqueci. Por que mesmo eu estava tão nervosa?"

Para mim, aquele momento está emoldurado. *Ela não sente mais a mínima vergonha*. Tinha passado. Até esse momento maravilhoso, eu não tinha percebido o quanto a vergonha perdeu seu poder naquela noite no chuveiro.

Essa é a beleza da vulnerabilidade e da empatia, minha amiga. O "eu também" que ouvimos quando somos corajosas o bastante para deixar entrar a vulnerabilidade? Ele nos cura o tempo todo.

SEIS
CRIE ESPAÇOS SOLIDÁRIOS

*Visões amplas, saudáveis e caridosas dos homens e das coisas
não podem ser conseguidas vegetando em um cantinho
da terra durante toda uma vida.*
Mark Twain

Quando você e eu deixamos meu amigo Norbert, ele tinha sido corajoso ao aceitar a oportunidade de ser vulnerável com Joe e eu, compartilhando sua história de dor e perda como um sobrevivente do genocídio. Mas, para ajudá-la a entender a importância da coragem de Norbert, preciso contar o que aconteceu dois anos depois dessa conversa.

Eu estava viajando em Ruanda com cerca de trinta embaixadoras da Noonday e perguntei a Norbert se ele estaria disposto a dividir sua história com aquela equipe de mulheres empenhadas em mudar o mundo. Dessa vez, ele não perdeu tempo refletindo e disse em seu charmoso inglês com sotaque: "Claro, minha amiga".

Naquela noite, Norbert compareceu ao local que tínhamos combinado, mas não estava só. "Jessica", ele disse, aproximando-se acompanhado de uma mulher, "espero que você não se importe por eu ter trazido a minha querida esposa".

Eu sabia que ele jamais tinha contado os detalhes de seu passado a ninguém, exceto, por algum milagre, para mim e Joe, e isso incluía sua esposa, Florence. Foi uma noite memorável. Norbert bravamente contou sua história para a sala cheia de embaixadoras e, depois, Florence veio até mim. "Fiquei muito aliviada quando Norbert me convidou para vir esta noite. Nunca tinha ouvido esses detalhes pavorosos, toda a tragédia, toda a perda. Preciso te dizer que, desde que ele dividiu a sua história com você e Joe, começou a sarar. Eu também sou uma sobrevivente, mas minha família sobreviveu. Acho que ele encontrou segurança em vocês, e eu precisava vir esta noite para te agradecer."

Enquanto Norbert falava naquela noite, percebi que, muitas vezes, Florence quis interrompê-lo, parecendo que a dor era demasiada para ela e o marido suportarem. Mas ele continuou com valentia, e ela continuou a escutar. Uma coisa foi Norbert concordar em conversar comigo e com Joe, mas seguir em busca de uma oportunidade para aprofundar uma relação que era importante para ele? Para mim, isso foi uma prova de que os benefícios da vulnerabilidade estavam fincando raízes na vida de Norbert, permitindo a entrada da compaixão.

***

Uma das crenças fundamentais envolvendo a Noonday é que, acolhendo a vulnerabilidade, podemos criar espaços solidários de pertencimento para nós mesmas e para outros. Quando percebemos que nenhuma de nós é perfeita, e que a inclusão não decorre do fato de ser magérrima, de criar filhos bem comportados, ou ter o trabalho certo, estamos aptas a nos aceitar exatamente como somos. Isso ajuda a criar um espaço semelhante de aceitação dos outros. Mas, se formos encorajar as pessoas que nos importam a se abrir em busca de conexão e significado, não basta apenas dizer-lhes para saltar. Temos que deixar claro que, quando elas fizerem isso, terão um local seguro para aterrissar.

No caso da minha filha Amelie, toda a vulnerabilidade do mundo, induzida pela ducha, não teria ajudado a curá-la, se eu não tivesse acolhido sua história com compaixão e entendimento. Se sua coragem tivesse caído em ouvidos surdos, em vez da conexão redentora que compartilhamos, sua vergonha só teria ficado maior.

No caso de Norbert, o medo de se sentir envergonhado por dividir sua angustiante história o tinha mantido em silêncio por anos.

Durante nossos primeiros instantes de conexão com Norbert, quando Joe e eu o encorajamos a se abrir, e deixamos claro que estávamos dispostos a ouvir o que quer que ele viesse a dizer, criamos um espaço compassivo. E, mais tarde, quando minhas embaixadoras se abriram e escutaram sua história com dor no coração, elas fizeram o mesmo. Naquele dia, o que Florence me disse foi uma comprovação de que não apenas a história de Norbert havia mudado o coração das suas ouvintes, como aquela vulnerabilidade também havia mudado o coração dele. Depois de anos de autoproteção, ele finalmente acreditava que a vulnerabilidade poderia ser uma amiga. O que traz a pergunta: *Como podemos provocar mais dessa cura e conexão?* Como podemos sair por aí criando espaços solidários para nós mesmos e para o outro?

Basta acompanhar um tópico acalorado em um *post* do Facebook para ver que poderíamos tirar uma ou duas lições deste caso. Ao liderar uma comunidade e dirigir um negócio, tenho visto três padrões nocivos que nos impedem de viver o tipo de vida que fomos feitos para viver:

- *Nós comparamos em vez de colaborar umas com as outras.*
- *Nós julgamos em vez de ter empatia umas pelas outras.*
- *Nós cruzamos os braços em vez de lutar umas pelas outras.*

Esses padrões nos impedem de cultivar espaços onde a vulnerabilidade e a conexão se enraízem. Já conversamos, neste livro, sobre escolher uma vida *e* em um mundo *ou/ou*; que podemos ser tanto uma boa mãe quanto uma mãe que trabalha, uma estilista e uma advogada, uma maníaca por saúde e uma amante de pizza. A verdade é que, embora haja muitas coisas que *possamos* fazer ao mesmo tempo, existem igualmente muitas coisas que, simplesmente, não podem coexistir. A comparação não pode existir junto com a colaboração; o julgamento não pode existir junto com a empatia; a apatia não pode existir junto com a luta em defesa de alguém, ou de algo. A boa notícia é que podemos descobrir, juntas, uma maneira de construir esses espaços solidários; mas, esteja preparada, porque é aí que a coisa pega.

***

A primeira tendência que precisamos superar, se esperamos ser um lugar de aceitação autêntica para nós mesmas e para outros, é o da comparação implacável. Você se lembra da Blob, da minha época de acampamento? Acabei aprendendo que a vida não é uma longa fila de meninas esperando fazer o maior salto mortal na Blob, com apenas uma vencedora. Deixei de gastar minha energia procurando descobrir meios para furar a fila, começando a focar, em vez disso, no meu próprio salto corajoso.

A comparação é falha, contraproducente e até francamente destrutiva, mas é tão insidiosa que é preciso muita percepção para esmagá-la. Ontem, levei meus filhos para um *check-up*. Era a primeira vez, em três anos, que eles compareciam para seu exame "anual", porque detalhes menores, como consultas de rotina, vão lá para o fim da lista quando você está dirigindo uma *startup*. Mas estou me desviando do assunto. Depois de verificar a saúde geral de Amelie e sua altura, a médica olhou para mim e disse: "Ela está nos 75 por cento".

Confusa com a linguagem, Amelie olhou para a médica e perguntou: "O que isso quer dizer?".

A médica, então, apontou um gráfico laminado contendo uma série de arcos e disse: "Bom, em comparação com outras meninas da sua idade, você está na média, em termos de altura e peso".

Ouça, não tenho nada contra a tabela de altura e peso em todo consultório médico, em todo país do mundo; mas, fora do universo médico, com certeza você concorda que, quando averiguamos e tiramos conclusões sobre nós mesmas, desde a mais tenra idade, pela comparação com nossos pares estamos aceitando a pergunta premente "Estou à altura?".

À altura *de que*, exatamente? Com o que estamos comparando nossas almas preciosas? É aquela experiência temível da corda de pular acontecendo mais uma vez, onde nos amarramos ao passo de alguém, na esperança de dar conta.

Se, pelo menos, eu fosse mais magra! Se, pelo menos, eu me

saísse tão bem quanto ela! Se, pelo menos, eu tivesse o dinheiro que ela tem! Se, pelo menos, eu tivesse o emprego dela!

Estou lhe dizendo: essa maneira de pensar não passa de um caminho rápido para uma morte lenta.

Comparação é levar seu filho para uma festa de aniversário e, ao notar a decoração perfeita, as brincadeiras perfeitas, as lembrancinhas perfeitas e o bolo perfeito, escolher ficar de mau humor, em vez de se divertir. *Se, pelo menos, eu desse festas como esta para o meu filho... Se, pelo menos, eu fosse uma mãe melhor...*

Comparação é percorrer seu *feed* do Instagram e, ao ver algumas amigas de amigas em alguma praia, pensar: *Se, pelo menos, eu ainda pudesse usar biquíni... Se, pelo menos, eu tivesse tempo para me estender numa praia... Se, pelo menos, eu fosse mais magra e mais bronzeada... Se, pelo menos, eu fosse igual a elas.*

Comparação é escutar sua amiga descrevendo uma recente vitória em seu casamento e escolher ficar exasperada, em vez de a incentivar. *Se, pelo menos, eu tivesse me casado com alguém tão gentil e atencioso... Se, pelo menos, meu casamento estivesse indo bem assim... Se, pelo menos, minha vida pudesse ser mais gostosa.*

A coisa segue assim; aonde isso vai parar, quem é que sabe? O que eu sei é que quanto mais nos permitimos viver assim, mais nossas vidas parecem um episódio do *The Bachelor*. Se você tiver assistido à série por, ao menos, dez minutos, sabe que ela é cheia de conflitos, drama e sarcasmo – não é este o motivo de ela ser um *guilt pleasure* para tantas de nós? –, exatamente no que nos transformamos, quando gastamos tempo, energia e entusiasmo num jogo perverso de comparação.

Posso ter o melhor dia da minha vida: A vendagem está alta, todos os meus filhos arrumaram suas camas, meu jeans está folgado. Então, *bum*, vejo a Miss Perfeição na rede social e minha excelência se encolhe para um nada, bem na minha frente. *Eu estava no sétimo céu, seis minutos atrás!*, penso. *Como é que despenquei para cá?* A comparação faz com que nos sintamos pequenos, e quanto menor nos sentimos, menos capazes somos de criar espaços compassivos de pertencimento para nós mesmas e para os outros – inclusive para aquela mulher que, involuntariamente, acabou no alto do seu pedestal, mas também anda se esforçando. Tenho uma novidade: você não é pequena.

***

A segunda tendência que compartilhamos, que nos mantém longe daquele espaço solidário, é um subproduto da primeira: quando nos comparamos com outras pessoas, criamos uma situação "ela *versus* eu" e acabamos *julgando outras mulheres pelo que percebemos como deficiência*, em vez de comemorarmos seu sucesso. "O sucesso dela não diminui o meu", dizemos com frequência na Noonday. Ah, como quero que isso seja verdade para cada uma de nós!

Veja, quando você e eu agimos como se a vitória de outra mulher equivalesse à nossa derrota, podemos ter certeza de que um pensamento de insuficiência se enraizou em nós e de que estamos vivendo em um lugar de *falta*. E é difícil demonstrar compaixão quando você sente como se fosse um recurso finito que se esvazia com o uso.

Vou pôr as cartas na mesa, claramente, para você. Se a comparação for sua batalha, quero que repita comigo: "O sucesso dela não diminui o meu. Ela não é uma ameaça. É uma irmã. Não vou me sentir ameaçada pelos seus investimentos, seus envolvimentos, suas realizações incríveis, ou pelo seu sucesso. *Em vez de cotoveladas, vou estender a minha mão*".

O mantra veio para mim pela primeira vez, um dia, quando estava dirigindo para casa para almoçar. Fazia dois meses que a Noonday tinha saído de casa e ido para um escritório. Como o trabalho ficava perto de casa, e como eu ainda não ganhava um salário, ia geralmente para casa para economizar dinheiro e dar um beijo em Jack.

Àquela altura, nossos vizinhos tinham se tornado amigos de alguns dos nossos amigos mútuos. Isso foi durante a temporada em que as crianças brincavam na casa umas das outras, na variedade mãe-e-filho, e como todos os nossos filhos tinham mais ou menos a mesma idade, essas mães seriam as pessoas com as quais eu conviveria.

Quero que você visualize isso: estou indo do trabalho para casa, ao meio-dia, e minha cabeça está zumbindo. Há produtos para pesquisar, embaixadoras para recrutar e campanhas de *marketing* para planejar. É preciso anotar treinamentos, entrevistar novas contratações e manter a *startup* conhecida. Dobro a esquina em direção à minha casa e o que vejo na entrada da casa da minha vizinha? Ah, aquele é o carro da minha outra amiga... Ela está lá de novo... Está lá, para ficar sentada, tomando café e conversando. Os filhos das minhas duas amigas vão brincar enquanto seus maridos estão fora e talvez, depois, elas saiam para almoçar. Vão conversar sobre bebês, pinicos, as férias que estão chegando e todo o resto sem que eu esteja lá.

Naquele momento, senti como se não fizesse parte. Não fazia parte da minha casa, porque minha babá tinha tudo sob controle; não fazia parte das minhas colegas, por ser uma mãe no meio de uma equipe que, na época, era formada por pessoas, sobretudo, na faixa dos vinte anos; e não fazia parte das minhas amigas mães, porque trabalhava em período integral.

Eu não pertencia a *lugar nenhum*, ao que parecia, o que me fez sentir isolada e só.

A solidão parecia ser minha companheira constante naqueles dias. Será que você está nessa situação agora? Com tantas "amigas" listadas no seu perfil do Facebook, talvez você se pergunte se pelo menos tem uma que seja *amiga de fato*. Meu hino de esperança para você é este: *Você não precisa estar só. Você pode escolher, em vez disso, uma comunidade*. Se estiver se sentindo solitária e não quiser ficar sozinha, está na hora de *agir*. Você tem o poder de ir procurar mulheres disponíveis para outras mulheres, que sabem que são amadas e amam de volta, com confiança, e que estão escolhendo serem definidas não por sua aparência, mas por seu valor interno. Quando você escolhe ser esse tipo de mulher, descobre que muitas mulheres como você já estão seguindo pelo mesmo caminho. No dia em que percebi que tinha o poder para ir no encalço de outras pessoas e criar o tipo de espaço solidário que eu sonhava, tudo mudou para mim.

Eu estava indo para casa almoçar, como sempre, e vi o carro da minha amiga na entrada da casa de minha outra amiga, como sempre, e novamente senti a costumeira ferroada. Você conhece a ferroada, é o MEFIFO, Medo de Ficar de Fora. Por sorte, àquela altura, eu já sabia que a única maneira de sentir conexão na minha vida era *estendendo a mão e conectando*. Por mais que a minha comunidade de embaixadoras me colocasse em cheio em uma irmandade, eu sabia que também precisava daquela irmandade no meu cotidiano em Austin. Naquela noite, enviei uma mensagem de texto para quatro amigas vizinhas, aquelas mesmas que se reuniam semanalmente sem mim, e disse: "Ando querendo um encontro para falar sobre pertencimento e gostaria de saber se vocês estariam livres...".

Expliquei que, às vezes, me sentia em baixa por ser uma mãe que trabalha e queria aprender como criar uma comunidade onde nossas filhas pudessem crescer sem esses mesmos medos. Perguntei se, talvez, uma frequência de uma segunda-feira a cada quinze dias poderia funcionar e depois ofereci o espaço da Noonday. Todas aceitaram. O que acontece é que elas andavam se sentindo soltas tanto quanto eu, mas eu jamais teria sabido disso, se não tivesse escolhido o caminho vulnerável e convidado outras a virem comigo.

***

Isso me traz à terceira e última tendência que nos impede de criar espaços solidários: o *efeito espectador*, que aparece sempre que vemos a necessidade de alguém e poderíamos ajudar a resolvê-la, mas, em vez disso, escolhemos seguir em frente.

Foi na aula introdutória de Sociologia que soube, pela primeira vez, sobre o efeito espectador, fenômeno que ocorre quando indivíduos que testemunham um crime ou um acontecimento traumático não oferecem nenhum tipo de ajuda à vítima, enquanto outras pessoas estão presentes. A probabilidade de ajuda é inversamente relacionada ao número de espectadores. Em outras palavras, quanto maior o grupo, mais provável é você continuar andando em vez de parar para estender a mão.

O efeito espectador não entra em jogo apenas em momentos sérios. Ele também acontece nas nossas interações diárias com outras pessoas e pode nos levar a escolher a inação quando o que está sendo pedido é, de fato, o comportamento solidário. O efeito espectador diz: "Não devo perguntar a essa mãe estressada na fila de carros se está tudo bem. Ela já conta com uma porção de pessoas em sua vida que fazem isso por ela". Ou "Não vou dizer àquela palestrante o quanto ela se saiu bem, porque tenho certeza que *todo mundo* diz isso pra ela o tempo *todo*". Ou "Provavelmente, o abrigo de emergência está lotado de voluntários nesse momento. Duvido que eu possa fazer alguma coisa".

Essa voz estava atuante em nossa comunidade durante o congresso de embaixadoras do ano passado, quando uma das nossas melhores vendedoras, Erin, se viu, pelo quarto ano seguido, sem convite para se juntar a um grupo de companheiras de quarto. Erin tinha organizado alguns dos nossos melhores bazares, sempre encorajava as outras no grupo de embaixadoras do Facebook e levava a condução do seu negócio com segurança. Tinha uma presença na comunidade. Mas por ser "famosa na Noonday", quando foi chegada a hora de cada uma se associar a outras mulheres que estivessem procurando por companheiras de quarto no congresso, todas deduziram que Erin já tivesse alguém para dividir o quarto. Afinal de contas, ela era uma embaixadora veterana, extrovertida, bem relacionada e com certeza não seria alguém que precisasse ser procurada, por outras embaixadoras, com um convite para se juntar àquele grupo.

Com a aproximação da data da conferência, Erin, mais uma vez, sentiu-se ignorada e deixada de fora. Mesmo assim, em vez de permitir que esses sentimentos de insegurança se enraizassem, decidiu que, simplesmente, teria que arregaçar as mangas. Pediu ajuda para identificar outras mulheres que estivessem sem companheira de quarto e se sentindo aflitas no processo, e, depois, as convidou para dividir um quarto com ela. Transformou sua insegurança em algo que encorajou outras mulheres. Mas a maior lição aqui foi para a nossa comunidade de embaixadoras, em geral.

Depois que Erin juntou coragem para compartilhar com suas colegas embaixadoras que ninguém a havia convidado para dividir um quarto, a reação coletiva foi de choque. Cada mulher estava agindo sob a mesma suposição: Como Erin era tão bem-sucedida, provavelmente não precisava da participação *delas*. Era o efeito espectador do princípio ao fim. Mas, mas ela teve a coragem de dividir sua história, ajudou a despertar nossa comunidade para a importância de dar um passo à frente e se manifestar, mesmo quando não nos sentimos qualificadas e merecedoras.

* * *

Como a história de Erin comprova, todos nós temos um desejo inato de sentir que pertencemos, que somos convidados e bem-vindos. Quando minha concepção para a Noonday começou a tomar forma, meu objetivo se tornou não apenas criar oportunidade para pessoas no mundo em desenvolvimento, mas também encontrar maneiras de produzir espaços solidários de pertencimento e divulgar isso por meio de todos os aspectos do negócio. Queria criar um espaço onde as pessoas, e especialmente as mulheres, pudessem se reunir para um objetivo comum, cada uma delas certa de pertencer e de ter algo a oferecer.

Mas antes que eu pudesse tornar esse sonho realidade, teria que começar com algumas considerações internas em meu próprio coração. Para dizer a verdade, passei um tempinho me sentindo desqualificada durante os primeiros dias da Noonday. Embora, atualmente, eu possa entrar em qualquer bazar do país sem ser convidada, me levantar em frente a uma sala cheia de desconhecidas, soltar a proposta da Noonday com paixão e convicção e incentivar cada mulher da sala a comprar, houve um tempo em que meus músculos de bazar estavam flácidos, eu estava fora de forma e temerosa. Naquela época, fazer as mesmas coisas que hoje parecem fáceis disparava um terror absoluto em meu coração e ameaçava meu sonho de formar uma comunidade colaborativa, da qual todos os tipos de mulher pudessem fazer parte.

Lembro-me do primeiro bazar que organizei em minha missão de trazer Jack para casa, aquele que nem era chamado de bazar, porque o termo ainda não existia em meu vocabulário, e de como eu sentia medo de que: a) Ninguém aparecesse; b) ninguém simpatizasse com meus motivos para a realização do bazar; c) ninguém comprasse nada; e d) eu ficasse sem Jack pelo resto da minha vida.

Quando chegou o dia do bazar, uma onda de insegurança me percorreu. *O que passou pela sua cabeça ao organizar isso?*, ralhei comigo mesma. *Ninguém vai comprar nada, e você vai parecer a criança que deu uma festa de aniversário e ninguém apareceu. Pior ainda, você está vendendo tudo, das suas roupas à sua louça. Tudo isso tem certo ar de desespero.*

Quase cancelei na mesma hora.

Cresci numa cultura que valorizava festas. O pessoal não brinca em serviço. Estamos falando de festas com muita comida, arranjos florais, roupas produzidas. *Só* os convites já eram um verdadeiro acontecimento. Essa história de quantas pessoas vinham ao seu baile era da maior importância, e enquanto eu me preparava para abrir meu coração e minha casa para as minhas amigas, na esperança de que elas me ajudassem a trazer Jack para casa, meu comitê, simultaneamente, berrava: *As pessoas não vão comparecer, Jessica, e as que vierem vão achar tudo isso ridículo. Ou seja, será que você deveria sequer pensar em aumentar sua família, se tem que recorrer a isto pra conseguir o seu objetivo?*

A hora antes de começar a reunião demorou a passar, mas depois disso, milagre dos milagres, minhas amigas compareceram. Enquanto eu recebia essa comunidade que tinha dito sim ao meu sonho, escolhendo se mobilizar à minha volta, respirei fundo e assumi minha verdade: Sim, queríamos adotar; sim, estávamos quebrados; e sim, para adotar, estando quebrados, teríamos que pedir dinheiro a outras pessoas. Assumi essa verdade com o coração e a voz, acreditando que, como eu me posicionava e seguia além do medo, não iria morrer. E, mais, vi que algo lindo estava desabrochando. Por ter dado o primeiro passo aceitando a vulnerabilidade e seguindo mesmo com medo pelas minhas inseguranças, pude criar um espaço de pertencimento para outras mulheres também, um espaço que logo se transformaria em nossa comunidade de embaixadoras.

Veja, mesmo em meio à incerteza confusa daquele primeiro bazar, algumas coisas estavam ficando claras para mim: as mulheres precisavam de um lugar para se reunir. Precisavam sentir que poderiam fazer uma diferença significativa no mundo. E precisavam de uma irmandade. Enquanto eu olhava à minha volta essas mulheres que se conectavam ao redor de colares bonitos e um coração aberto para outras pessoas, comecei a ter um vislumbre da comunidade de mudança do mundo, que esperava logo abaixo da superfície de meu sonho improvável.

Com esse vislumbre em mente, e os custos da adoção de Jack ainda sendo motivo de grande preocupação, continuei convidando mulheres a se juntar a mim na criação de um mercado para artesãos, cujo futuro, agora, estava tão intimamente ligado ao meu. Mas não demorou muito para que mulheres começassem a *me* procurar, perguntando se poderiam se juntar a mim, não apenas como anfitriãs de bazares, mas como colegas empreendedoras sociais, que pudessem lançar sua própria empresa Noonday Collection. Aquela comunidade de mudança do mundo da qual eu tinha suspeitado naquele primeiro bazar? Estava de fato começando a tomar forma.

A primeira dessas solicitações foi aquele e-mail de Sara, em Seattle. Como mencionei anteriormente, Sara me procurou justo quando eu estava imaginando o que seria transformar aquela arrecadação de fundos em um negócio expansível. Eu sabia que precisaria de outras mulheres que acreditassem comigo, e, num prazo de dois meses, Sara ocupou esse papel com alegria. Logo, Renée se juntou a ela, seguida por Wynne, Courtney, Brittany, Krista e Whitney. Em pouco tempo, apesar do fato de eu ainda estar usando meu quarto de hóspedes como escritório, incapaz de me pagar um salário, embalando à mão cada item vendido e usando o e-mail da Yahoo como minha principal ferramenta de comunicação, eu tinha uma comunidade de mulheres, em nível nacional, interessadas em minha visão local. Apesar da minha carência em tudo, desde um sócio na empresa até um plano de negócios, essas mulheres me deram o braço e alimentaram minha ideia de seguir mesmo com medo, porque o *incentivo* delas só me trouxera mais coragem.

Isso é o que faz a união. Acaba tornando todos nós mais corajosos. A crença é, realmente, contagiosa, e quando a pessoa opera a partir de uma convicção, a paixão tende a se espalhar. Quando assumimos nosso valor e compartilhamos nossa verdade, não apenas ficamos mais aptos a correr riscos cada vez maiores, como também *deixamos que outras pessoas corram grandes riscos conosco.*

***

A verdadeira união é formada quando arriscamos pelo caminho da cumplicidade em meio a desafios. Uma das fases mais difíceis na história da Noonday ocorreu há alguns anos, quando nos vimos com um estoque grande demais e uma demanda insuficiente. Durante anos, crescemos com taxas recordes e um dos nossos maiores desafios operacionais era manter os acessórios preferidos de todos em estoque. Em três anos, nosso crescimento, ano a ano, foi de quase trezentos por cento, número que nunca deixou de me fazer sacudir a cabeça de espanto. Ao nos aproximarmos de 2015, alcançamos o que, na época, era um recorde na alta de pedidos com nossos parceiros de negócios artesãos, seguido, rapidamente, por encomendas grandes e adicionais, antecipadas, para a loucura do período de vendas de Natal.

Mas, ao chegar o verão daquele ano, foi ficando claro que a esperada taxa de crescimento não estava se concretizando. Depois de algumas análises minuciosas, percebemos que um motivo importante para esse desempenho abaixo do esperado estava, ironicamente, nas nossas tentativas de garantir que o crescimento da Noonday fosse sustentável em longo prazo. Tínhamos lançado uma grande quantidade de mudanças para nossas embaixadoras, e isso era simplesmente um excesso, rápido demais, para muitas. Tínhamos revelado novas diretrizes e compensações que respaldavam um futuro crescimento por meio do programa de treinamento das embaixadoras, uma oportunidade novíssima para elas desenvolverem sua liderança e sua renda, conduzindo uma equipe. Simultaneamente, lançamos um *site* totalmente novo que as embaixadoras usariam para administrar seus negócios. Em poucas palavras, foi demais.

Travis e eu estávamos tão vidrados nos aspectos positivos, que não havíamos considerado que, com a mudança, pode vir a rotatividade e, neste caso, essa rotatividade parecia significar que as embaixadoras deixariam seus negócios. O resultado foi que nossa oferta e nossa demanda estiveram fora de sincronia, e a Noonday olhava para um futuro em que estaríamos sentados em um estoque excessivo. *Um milhão de dólares* em estoque excessivo. Lembro-me de caminhar pelo depósito naquele ano, rezando para que os colares, as pulseiras e os brincos encontrassem um lar.

Como você se lembra, meu pai sempre dizia que *dinheiro vivo é tudo*. No mundo varejista, um estoque em excesso pode liquidar uma empresa. No mundo de pequenas *startups*, a principal razão para elas encerrarem suas atividades é ficar sem dinheiro líquido e não conseguir pagar as contas. Avistamos a crise de liquidez no horizonte e negociamos com um banco para aumentar nossa linha de crédito. Quando assinamos na linha pontilhada, era como se estivéssemos entregando nossas vidas, porque demos uma garantia pessoal pelo empréstimo.

Pegamos, então, aquela linha de crédito e continuamos a fazer encomendas para nossos parceiros artesãos, ainda que não precisássemos aumentar o estoque, como comprovavam as montanhas de colares em nosso depósito. Fizemos uma pré-compra de produtos que sabíamos que, por um bom tempo, não seriam realmente necessários, para que nossos parceiros pudessem se planejar para o impacto inevitável que aquilo teria em seus negócios. Queríamos criar um espaço solidário em nossos negócios, que não se limitasse a pôr o resultado financeiro em primeiro plano, mas levasse em consideração os sentimentos e preocupações de todas as partes interessadas. É isso que acontece com a colaboração; os destinos estão todos interligados, o que faz com que nenhuma decisão possa ser tomada no vazio.

Foi depois do verão de 2015 que a situação do excesso de estoque passou de um desafio operacional interno para uma crise total. Começaram a se espalhar rumores e boatos entre as embaixadoras de que a Noonday estava planejando diminuir as encomendas com nossos parceiros artesãos, e na falta de uma comunicação pró-ativa com a comunidade, algumas embaixadoras presumiram uma intenção negativa quanto à nossa liderança.

Uma das maiores forças da Noonday é o poder de relacionamento estabelecido pela comunidade, mas, durante esse período, descobrimos que essa força pode funcionar nos dois sentidos, se nossa informação não for comunicada com eficiência. Muitas embaixadoras conheceram artesãos nos eventos que fizemos nos Estados Unidos, ou em viagens internacionais, visitando suas oficinas, e o resultado é que, com frequência, eles estão conectados por meio de redes sociais. Uma embaixadora nos Estados Unidos suburbanos e uma artesã no Equador rural estão, literalmente, a uma mensagem de Facebook de distância uma da outra. E é aí que a coisa pode ficar complicada – e ficou.

***

Justo quando estávamos comemorando o quinto aniversário da empresa, uma das nossas parceiras artesãs comentou com algumas embaixadoras que a Noonday iria reduzir o volume de encomendas. Como consequência, alguns dos artesãos contratados por ela no último ano, para aquelas grandes encomendas, teriam que ser dispensados porque não haveria trabalho para eles. Mais ainda, estava temerosa do que essa redução significaria para o futuro do seu negócio e não tinha certeza se poderia acreditar em todos os dados e explicações que a Noonday estava lhe fornecendo sobre o nosso futuro. Seria aquilo apenas uma desculpa para eliminá-los gradualmente? Ela estava acostumada a ver muitas organizações estrangeiras chegarem em seu país com a intenção de ajudar e acabar deixando para trás promessas quebradas e não cumpridas. Além disso, seu negócio tinha evoluído com tal rapidez, juntamente com o nosso, que ela não tinha tido necessidade, nem tempo, de investir em *marketing* para outros compradores. Àquela altura, éramos seu único cliente.

Começou a se espalhar, entre as embaixadoras, a notícia de que algo estava errado, antes que tivéssemos lhes comunicado, de maneira pró-ativa, a situação do balanço que havia me tirado o sono durante meses. Algumas começaram a questionar se a Noonday estaria sendo honesta, considerando a discrepância que percebiam entre os elogios vindos de fora e os prêmios que havíamos conquistado naquele ano e os rumores de encomendas redimensionadas por trás dos bastidores. Algo precisava ser feito para expor os fatos concretos e revelar a essência da empresa, de modo a chegarmos a um entendimento comum com a comunidade de embaixadoras.

Estávamos determinados a praticar uma liderança transparente durante esse período turbulento nos negócios. No entanto, sabíamos que confiança não é algo a ser pedido, é algo a ser conquistado. Depois de inúmeras reuniões com líderes de vários departamentos da Noonday, Travis e eu fizemos uma teleconferência, com toda a comunidade de embaixadoras, em que explicamos os fatos da melhor maneira que pudemos. É fácil assumir a verdade, quando ela é radiante e feliz, mas e quando ela se caracteriza por melancolia e desgraça? Não é tão divertido, admito. Às vezes, eu sentia que preferiria desistir a decepcionar as pessoas que eu mais valorizava. O que, finalmente, percebi é que minha renúncia seria o maior golpe de todos contra elas.

A conferência transcorreu bem; Travis e eu concordamos em aceitar a vulnerabilidade logo no início e ficamos agarrados àquela vulnerabilidade no transcorrer da teleconferência. Mantivemos o rumo, e a transparência funcionou. Contamos nossa verdade da melhor maneira que pudemos, assumimos nossos erros tanto quanto possível, esclarecemos nossos planos para o futuro e reconvocamos toda a nossa organização para se juntar a nós numa melhor performance, com mais inteligência e ainda mais cuidado no controle da oferta e da demanda.

Atravessar essa experiência juntamente com toda a nossa comunidade, em vez de tentar esconder nossos erros e apenas seguir em frente, ajudou Travis e a mim a desenvolver nosso negócio em aspectos que, sozinhos, jamais poderíamos ter feito. Somos, realmente, melhores juntos, mesmo quando as relações ficam difíceis, e essa crença é o motivo do impacto da Noonday agora se estender pelo mundo.

No contexto das nossas embaixadoras, um dos exemplos mais assustadores de mobilizar a vulnerabilidade para criar espaços solidários envolve pedir a outras pessoas que abram suas casas e juntem suas equipes para nos ajudar a alcançar nossa missão de construir um mundo próspero. Nos primeiros dias da Noonday, uma das perguntas que me eram feitas com mais frequência se centrava em quando eu pensava em entrar nas lojas com alguma espécie de presença comercial. É fato que estávamos recebendo pedidos de atacado, mas depois de entrar nos lares de tantas mulheres para a realização de bazares e de vivenciar o poder da conexão de mulheres se juntando para fazer o bem, de mulheres soltando exclamações entre si ao experimentar colares, fiquei fortemente comprometida com nosso modelo a domicílio. Trata-se de um negócio comprovado por um motivo: Por mais que nos tornemos digitais enquanto pessoas, a verdade é que nossos cérebros e nossas próprias vidas foram programados para se conectar fisicamente, ao vivo.

Algo acontece no olho a olho que nem mesmo o aplicativo mais inteligente consegue replicar. "Siri acha que é minha amiga", meu filho disse rindo, enquanto fazia perguntas idiotas a Siri, "só que ela não pode ser, porque ela é um robô". Falou bonito, Holden. Os robôs podem facilitar muito, mas não podem reproduzir o calor de um abraço, o olhar cúmplice de empatia, ou o bem-humorado cutucão na costela.

Quando as embaixadoras desabam nos mesmos medos e inseguranças que ameaçaram me puxar para trás quando fiz meu primeiro bazar, consigo dividir mais uma vez a minha história e oferecer ouvidos isentos de julgamento para escutar a verdade delas. Consigo lembrar-lhes que postar um convite no Facebook nem sempre equivale a vulnerabilidade, e que a verdadeira vulnerabilidade é algo pelo qual vale a pena lutar, cada vez mais e sempre.

O que minha família Noonday está fazendo é comparecer, pessoalmente, cara a cara; é criar um ambiente onde possa acontecer uma colaboração verdadeira. Nesses momentos, elas estão escolhendo a vulnerabilidade e deveriam ter orgulho disso. Somos melhores juntas, percebe? É impossível vencer quando seguimos sozinhas.

***

Criar espaços solidários de pertencimento para nós mesmas e para outros é algo que vale a pena fazer, e isso tem o potencial de curar as feridas das quais não conseguimos nos livrar sozinhos. Mas, ainda mais do que isso, os espaços solidários têm o poder de *salvar vidas*. Vi isso com meus próprios olhos, sob a forma de uma menina linda chamada Hope.

Em Uganda, onde um milhão e meio de pessoas vive com HIV, muitas delas anseiam por esconder seu diagnóstico por medo do estigma que ainda permanece em relação à doença. Elas negam ter HIV. Evitam o assunto do HIV. E rezam com todas as forças para jamais serem descobertas.

Sim, os sintomas de HIV são amplamente tratáveis. Sim, com o uso correto de drogas antirretrovirais (ARV), o HIV é, agora, quase não transmissível, mesmo por meio do sexo. Sim, quem for HIV positivo pode levar uma vida próspera e linda. Mas em Uganda o estigma permanece, fazendo com que seja uma perspectiva terrível o portador buscar o tratamento necessário.

Era esse o caso de Hope, uma inspiradora jovem ugandesa, que conheci em uma visita recente. Sua mãe tivera uma vida difícil, tendo contraído o HIV antes de engravidar da filha. Só quando Hope estava mais velha foi que sua mãe explicou que ela, Hope, era HIV positiva. Embora a mãe sofresse por ter que lhe contar a verdade, sabia que a filha merecia saber.

Imediatamente, Hope foi tomada pela vergonha. Não conseguia acreditar que, sem que tivesse escolha, estivesse infectada. Por um tempo, simplesmente negou o fato, vivendo como se não fosse verdade. Com o progresso da doença, e Hope ficando cada vez mais enferma, ela deixou completamente de falar com a mãe. Estava farta daquele diagnóstico e estava farta de sua família também. Sua mãe, não sabendo o que fazer, perguntou a Jalia se ela poderia intervir. Isso exigiria que Hope exercitasse a vulnerabilidade, se abrindo com Jalia quanto ao que a estava afligindo. Mas, conforme Hope compartilhou com Jalia, e esta recebeu sua história com compaixão, empatia e ajuda prática, a vergonha perdeu seu poder.

Logo, Hope percebeu que, ao fingir que não tinha HIV, e fingir que detestava a mãe, estava acolhendo a raiva, o isolamento e o medo em sua vida. Se ao menos pudesse contar a verdade, sobre sua situação, sobre seu amor persistente pela mãe, poderia traçar um plano a partir dessa dor nociva. Quem sabe? Poderia até encontrar uma maneira de se *desenvolver*.

Tudo ficou claro quando Hope fez algo inimaginável: assumiu sua situação de HIV positiva e restabeleceu sua ligação com a mãe. Começou a viver como se não tivesse nada do que se envergonhar. Começou a tomar medicamentos para controlar a doença. E, hoje, está feliz, saudável, uma prova viva da força da vulnerabilidade. Na verdade, o programa de bolsa de estudos da Noonday, iniciado em 2014, para ajudar as crianças na comunidade de Jalia e Daniel a receber uma educação de qualidade, possibilita que ela frequente uma escola onde não será estigmatizada por sua rotina médica diária. Não apenas seu corpo se recuperou dos terríveis sintomas que ela enfrentava, como seu coração também sarou. Ela tem orgulho de quem é e sonha em um dia usar sua experiência para ajudar outras pessoas, tornando-se médica e encontrando a cura para a AIDS.

Quando visitei Uganda, no mês passado, Hope veio correndo até mim, exclamando: "Agora sei que planos Deus tem pra mim. São planos de me dar um futuro e uma esperança"[17]. Quero fazer tudo o que estiver ao meu alcance para tornar palpável esse futuro esperançoso – pelo bem de Hope, e pelo bem de toda uma comunidade que será abençoada e empoderada pela sua coragem.

É este o tipo de vida que quero para você, para mim, para todas nós. Quero uma vida de esperança, uma vida catalisada pela compaixão que nos impele a agir, em vez de passar por uma vida digital que, na verdade, não é vida sob nenhum aspecto. Quero que sejamos pessoas que cultivem compaixão e criem espaços de pertencimento para os que estão à nossa volta. Mas, para chegarmos a isso, temos algum trabalho a fazer, principalmente quanto à maneira como nos relacionamos com as mulheres à nossa volta. É óbvio que jamais tiraremos umas às outras dos vales profundos em que caímos se tornarmos a comparação, o julgamento ou a atitude de cruzar os braços hábitos. Esse tipo de vida não terá serventia se quisermos construir um mundo que floresça para todas nós. Então, como chegar lá? Comecemos investigando um novo fenômeno sociológico, que chamo de Efeito da Sororidade. Sabe aquele muro na sua vida que parece uma barricada inacessível? Olhe para cima: suas irmãs estão no alto, prontas para lhe jogar uma corda.

SETE
DESCUBRA O EFEITO DA SORORIDADE

*Quando irmãs se posicionam ombro a ombro,
quem terá uma chance contra nós?*
Pam Brown

Deixem-me levá-la, agora, a uma manhã maravilhosa que vivenciei não faz muito tempo. Eu tinha me esforçado ao máximo em meus exercícios matinais; tinha *secado o cabelo com secador;* estava preparada para minha primeira reunião; e, acima de tudo, tive tempo de parar na Starbucks sem me atrasar para a tal reunião. Contrastando com esse pano de fundo idílico, entrei no café e vi uma mãe que eu conhecia da escola dos meus filhos. Ora, aquela não era apenas *qualquer* mãe; era *a* mãe na escola deles. Pelo que eu tinha escutado, era tão envolvida que procurou tutores para ler para a classe, liderou o programa de extensão em espanhol para os pais de língua espanhola, participou de trabalhos de campo *e* recrutou outras assistentes. Para minha inesgotável surpresa, ela tanto levava, como buscava, seus filhos na escola. Ali, na Starbucks, pelo que eu soube, ela devia estar comprando *pumpkin spice lattes* para os professores do terceiro ano.

Empurrei os óculos escuros mais para baixo do nariz e fingi estar interessada no menu gigante na parede, como se fosse possível pedir outra coisa que não o meu *latte* sem gordura tamanho grande.

Passaram-se dois minutos, e quando eu estava prestes a mergulhar naqueles sentimentos de comparação entre a mãe que eu era e a mãe que eu realmente *deveria* ser, dei uma reviravolta. Naquele momento, percebi que, embora eu ainda não tivesse participado de um trabalho de campo, tinha dado conta de muitos aconchegos na hora de dormir e de jantares de família, sem falar nas noites de sushi das quais meus filhos tanto gostavam. Pensando nisso a sério, eu era uma mãe bem incrível, ainda que à minha maneira. E aquela aparente super mãe, parada na fila à minha frente? Também era uma mãe incrível, e, em nenhum aspecto, sua *mamãezice* incrível diminuía a minha. Antes que minha determinação se esvaísse, tirei os óculos escuros e fui até aquela mãe incrível. "Ei, nossos filhos estão na mesma escola. Sou a Jessica. Como vai?"

Ela levou um instante para reconhecer um rosto tão raramente visto na escola, mas logo tomou consciência. "Ah, oi!", disse com simpatia. "Bom te ver! Seu escritório é aqui perto, não é?"

Fiquei surpresa com seu conhecimento do meu mundo, mesmo quando ela prosseguiu: "Acabei de ler tudo sobre a sua empresa na *Austin Woman* deste mês. Jessica, falando sério... Como é que você dá conta de tudo isso?".

E foi naquele momento que percebi que algo tinha mudado em mim. Historicamente, sempre que outra mulher fazia essa pergunta retórica: "Como é que você dá conta de tudo isso?", eu interpretava a pergunta como "Uau, sua casa deve estar um caos!". Mas, dessa vez, as coisas foram diferentes. Meu MCM *não tinha nada a dizer*.

"Christina, o motivo de eu conseguir *dar conta de tudo isso* é você", eu disse com sinceridade. Contei a ela que por causa da sua participação naquela escola, as mães que trabalhavam, como eu, podiam ficar sossegadas, sabendo que seus filhos eram amados e estavam seguros no período escolar. "Você é a aglutinadora daquele lugar", disse a ela, escolhendo deixar de definir minha maternagem pelo aspecto em que ela era devedora em comparação com as outras mães. Antes que as lágrimas pudessem brotar, me despedi com um sorriso, peguei meu café e segui em linha reta para a porta. Eu tinha tirado os óculos escuros, tinha intencionalmente me aproximado daquela mãe, antes intimidante, e a aplaudido com sinceridade e não tinha morrido.

***

Aquela interação na Starbucks foi breve e, no entanto, pensei nela o dia todo. O peso que aquele momento teve para mim não foi na quantidade de minutos, mas na qualidade do que ele comprovou. Eu tinha ido bem longe na compreensão do meu próprio valor e, assim sendo, do dela. Não precisava comparar meu desempenho na escola com o de Christina; o que era necessário ali era *união*. O que era necessário eram duas mães, que amavam seus filhos e a escola dos filhos, para dizer: "Obrigada por me ajudar a prosperar". O que precisávamos naquele dia era de *irmandade*.

Uma das coisas que eu mais gosto nas mulheres é que, lá no fundo, entendemos essa coisa de irmandade. Existe algo dentro de nós que, instintivamente, almeja isto. Mas, conforme seguimos pela vida, começamos a acreditar na mentira de que reconhecer o sucesso de uma mulher diminui o nosso. Como se só houvesse lugar para certo número de mulheres à mesa e se outra mulher conseguir um lugar, esse é o lugar que eu não conseguirei.

Acho que nossa cultura desempenha um grande papel na divulgação dessa mentira. As mulheres são submetidas a uma quantidade ridícula de pressão para atender às expectativas cada vez maiores da sociedade. Tenha uma carreira incrível, mas esteja preparada para desistir. Tenha filhos, mas não *demais*. Seja magra, mas não *muito*. Apoie seu marido, mas seja forte e independente. Seja feminina, mas também seja um dos caras. Tenha opiniões, mas saiba quando manter a boca fechada... A lista segue. Num clima desses, é de se surpreender que gastemos nossas energias atirando punhais umas nas outras, em vez de seguir pelo caminho da irmandade?

O resultado desse tipo de ambiente é uma sensação persistente entre todas nós de estarmos sendo julgadas, olhadas de soslaio e sendo alvo de comentários, e essa não é maneira de formar uma irmandade. Quando nos sentimos julgadas, por reflexo, começamos a erguer muros à nossa volta, para escorar qualquer vulnerabilidade que possamos ter. Ao primeiro sinal de julgamento da parte dos outros, ou nos fechamos completamente, ou atacamos com a perceptível segurança das barreiras emocionais maciças que erguemos. Essas estratégias podem, temporariamente, nos poupar de sentir a dor do julgamento, mas não têm qualquer serventia para nos ajudar a crescer. E, com certeza, ela não ajuda a curar quem está ferido.

Uma história da nossa comunidade de embaixadoras demonstra, perfeitamente, uma virada para o melhor caminho, o da irmandade. Uma das nossas embaixadoras organizou um bazar para uma adolescente que ela conhecia, que planejava uma viagem como voluntária para o Haiti. Mindy, a embaixadora, planejava dar à menina cem por cento das suas comissões daquele evento, para ajudá-la a alcançar seu objetivo, mas, no último minuto, as supostas amigas da adolescente decidiram lhe fazer uma brincadeira de mau gosto e não aparecer.

Ao voltar para casa depois do bazar, esgotada e enraivecida, Mindy contatou nossa comunidade via Facebook para desabafar e buscar consolo. Mas o que ela conseguiu de volta foi muito mais do que consolo. Suas irmãs embaixadoras se juntaram e começaram a fazer encomendas para esse bazar da adolescente. "Vamos mostrar a ela que o amor e a irmandade ganham", escreveu uma das embaixadoras, depois de fazer uma encomenda. Logo, Mindy recebeu pedidos de mulheres de todos os Estados Unidos, mulheres que não receberiam comissão por esses pedidos, juntamente com mensagens particulares, pedindo-lhe que transmitisse palavras de incentivo para a adolescente. E aquele bazar "ninguém veio para a minha festa" acabou arrecadando seis mil dólares. Chamei esse fenômeno sociológico – a maneira como as mulheres se juntam de maneiras lindas para ver o desenvolvimento umas das outras – de o Efeito da Sororidade, e espero que, um dia, Amelie o estude com profundidade, durante sua aula de Sociologia.

O Efeito da Sororidade acontece quando nós, mulheres, nos recusamos a deixar que ameaças perceptíveis sufoquem nosso relacionamento; quando deixamos a empatia triunfar sobre o julgamento e a colaboração vencer sobre a comparação. Um dos caminhos em que há muita coisa em jogo, e no qual vi esse tipo de irmandade em ação, foi a vida de Wideleine e Ginny.

Dez anos atrás, em Porto Príncipe, Haiti, Wideleine estava desesperada. Vivia na pobreza, sozinha, e estava grávida. Perante a esses obstáculos, aparentemente intransponíveis, seu pai a encorajou a tomar a decisão de colocar a recém-nascida para adoção.

O bebê seria adotado por uma norte-americana chamada Ginny.

Avanço uma década, e hoje Wideleine é assistente de gerência na oficina onde é feita nossa maravilhosa produção haitiana. Desde que renunciou à sua filha bebê há mais de dez anos, Wideleine teve dois meninos, que conseguiu manter e criar por causa de seu trabalho. Com seu salário, ela conseguiu até ser proprietária de terras, coisa rara no Haiti, e motivo de muito orgulho.

Depois de trabalhar na oficina por algum tempo, Wideleine estabeleceu um relacionamento com Chandler, a mulher que administra nossa empresa parceira por lá. Wideleine soubera que sua filha tinha sido adotada por uma família norte-americana amorosa, mas contou a Chandler que queria ter um contato mais regular com aquela família. Chandler conseguiu contatar Ginny, a mãe adotiva do bebê, para perguntar se ela consideraria encontrar Wideleine algum dia. Ginny respondeu positivamente.

Ela poderia ter respondido com uma dentre mil negativas, mas, em resposta, simplesmente disse sim.

Adoraria conhecer Wideleine.

Adoraria homenagear Wideleine.

Essa mulher não é uma ameaça para mim: é uma colaboradora, uma irmã, uma amiga.

As duas mulheres realmente acabaram se comunicando por e-mail, o que aplacou um dos medos mais antigos e profundamente arraigados de Wideleine, de que ela nunca saberia o que tinha acontecido com sua filha. Antes, em seu momento mais sombrio, enfiara na Bíblia a única fotografia que tinha do seu bebê e murmurara uma prece: "Por favor, Deus, se minha filha um dia for adotada, faça com que seja por uma mãe maravilhosa".

Ao se comunicar com Ginny, Wideleine soube que Deus tinha atendido à sua prece sincera. Recentemente, perguntei se Ginny compartilharia, em meu *podcast Going Scared (Seguindo mesmo com Medo)*, uma carta que escreveu a Wideleine. A carta é a seguinte:

> *Há muitas coisas na nossa vida que não nos cabe escolher: o lugar onde nascemos e as circunstâncias. Gostamos de acreditar que controlamos nossas vidas, e o fazemos, mas apenas dentro de uma estrutura mais ampla de possibilidades e limitações. Cabe ao nosso esforço buscar as possibilidades e superar as limitações que venham a definir quem somos. Você é uma moça jovem e bonita. Wideleine, sinto que tenho sua confiança para criar esta filha que compartilhamos. Aguardo com muita ansiedade o dia em que possa levá-la de volta e ver vocês duas voltarem a se conhecer. Aguardo com ansiedade os abraços, as histórias, a tristeza e a alegria que todas nós compartilharemos.*

Lendo a história de corações partidos e recuperados de Wideleine e Ginny, fica imediatamente claro que vale a pena ser uma irmã que assuma outras. Então, por que, eu me pergunto constantemente, sempre optamos pela alternativa? A alternativa consiste em escolher julgamento e culpa e não indulgência e identificação, garantindo que permaneçamos à margem da vida de nossas irmãs, em vez de dar um passo à frente e dar-lhes um incentivo.

Sei que é difícil admitir, mas todas nós caímos nas presas dessa maneira crítica de pensar, e embora possamos fazer muitas coisas ao mesmo tempo (trabalhar e ser uma mãe carinhosa, ser esportiva e estilosa, adorar queijo e tomar *kombucha*), existem muitas coisas que não podemos fazer simultaneamente. Não podemos ser, ao mesmo tempo, críticas e empáticas; portanto, essas atitudes julgadoras terão que ir embora.

O julgamento duro – conhecido nos círculos acadêmicos como religiosidade, egoísmo, malícia – geralmente empina sua cabeça horrorosa quando somos pegos em um ciclo de vergonha. Pessoas envergonhadas envergonham pessoas, motivo pelo qual é absolutamente impossível ter compaixão por outro indivíduo quando operamos em uma posição de vergonha.

Você se lembra do incidente infame da calça rasgada entre mim e meu filho Jack? Sempre que ele entrava na postura de isolamento e eu ficava furiosa pode apostar que eu ainda estava presa ao ciclo da centrifugação da vergonha. Eu sentia vergonha, então envergonhava meu filho, o que apenas agravava a vergonha que eu sentia. Reprovamos as pessoas por tudo, desde estarem no iPhone enquanto as crianças brincam no *playground* até serem "suficientemente superficiais" para ter uma casa grande, serem loiras e, assim sendo, *obviamente*, cabeças de vento. (Depois de terminar minha tese de mestrado, uma professora me confessou: "Pensei que você fosse só mais uma menina bonita, até ler a sua tese". Lembro-me de pensar: *Bom, pelo menos ela foi honesta*.)

O julgamento também demonstra uma espécie de autoproteção. Reprovamos as pessoas por não terem seguro contra enchentes durante uma crise como o furacão Harvey. Quando sabemos de uma agressão sexual, nosso primeiro pensamento, frequentemente, é: *Imagino o que ela estaria usando ou onde estava andando*. Uma criança é atropelada por um carro, e concluímos que a mãe tenha sido negligente. Queremos acreditar que somos imunes a certas experiências dolorosas da vida, porque isso nos ajuda a sentir mais no controle das nossas vidas envoltas em plástico bolha. Sendo assim, nos distanciamos do sofrimento de outras pessoas com pensamentos críticos, o que só serve para nos manter à distância.

Um modo desse tipo de distanciamento, que tenho visto funcionando no trabalho, é como, em geral, enxergamos os que vivem em extrema pobreza. Quando entramos em contato com pessoas que diferem de nós sob o ponto de vista cultural, geográfico e socioeconômico, desejamos ardentemente que, para elas, a dor, a perda e o sofrimento tenham um efeito diferente. "Ah, que tristeza! Mas é provável que eles estivessem *esperando* que a vida fosse assim. Não temem o que eu temo, nem sonham o que tendo a sonhar." É difícil aceitar a verdade de que Norbert sinta dor *exatamente como eu sinto*, já que sua dor provém de saber que a maior parte da sua família foi morta por um machete.

    Se minhas experiências com pessoas vivendo na pobreza me ensinaram algo é que, no frigir dos ovos, todos nós *queremos a mesma coisa*: ser visto, ser aceito, ser compreendido, ser amado. Queremos completude. Queremos conexão. Queremos *esperança*. Sim, queremos segurança para nós mesmos e para nossas famílias, acesso a serviço de saúde e a uma boa educação, mas também queremos bolos de aniversário para nossos filhos, um beijo de manhã do nosso companheiro e uma roupa sempre à disposição que nos faça sentir como uma milionária.

    Ampliamos o círculo de compaixão que traçamos ao redor de nós mesmos para incluir outras pessoas quando aceitamos essa verdade vulnerável: *Poderia ter sido eu*. Quando escolhemos, corajosamente, sentir empatia por pessoas que atravessam circunstâncias dolorosas em vez de julgá-las, nos tornamos não apenas um bálsamo para suas almas, como uma dose de coragem para a nossa. Acabamos percebendo que, sim, todos nós podemos ser vulneráveis à dor, mas se estivermos disponíveis uns aos outros durante essa dor, encontraremos a coragem para resistir ao que virá.

    E não é apenas nos momentos importantes e de grande interesse que podemos encontrar a coragem para escolher empatia e proximidade, em vez de julgamento e distância; é também em nossas vidas cotidianas, enquanto percorremos nossos relacionamentos com as pessoas à nossa volta. Recentemente, abordei um grupo de mulheres e pedi a elas que compartilhassem situações em que se viram reagindo com julgamento e não com empatia, e como estão trabalhando para retificar essa linha de pensamento.

    Em resposta, elas compartilham com acanhamento e muita vulnerabilidade o que haviam se flagrado olhando criticamente.

Às vezes, julgo pessoas que dirigem carros sofisticados como sendo pretensiosas e exibidas. Credo!

Eu costumava julgar pais que deixavam seus filhos pequenos assistir a um programa no celular, enquanto estavam esperando o jantar num restaurante. Agora, com um bebê surpresa de dois anos de idade, percebo que, às vezes, Patrulha Canina *é nossa única opção.*

Sofro muito para não ser crítica quando as pessoas não podem "pagar" contas, mas têm um iPhone, cerveja, cigarros, uma bolsa linda e um carro. Venho trabalhando nisso há anos, vendo uma necessidade e a respeitando, sem tentar consertá-las ou imaginar por que estão nesta situação. Sei que não cabe a mim julgá-las.

Sou totalmente culpada por criticar pessoas por não serem positivas, felizes ou assumirem o controle de suas próprias vidas. Não conseguia entender por que as pessoas não se livravam da depressão ou de outras tristezas. Foi só quando eu mesma passei por uma época pesada de depressão, trauma e mágoas que aprendi a ser mais maleável com o pesar e a tristeza, e não apenas tentar enxotá-los.

Julgo quem pode devorar uma pizza inteira e não engordar um grama, enquanto basta eu cheirar uma fatia para não conseguir abotoar o meu jeans. Luto contra meu peso desde meus vinte anos e acabei de descobrir, aos 48, o que funciona pra mim, e tem sido ótimo. Mesmo assim, estou aprendendo a deixar que ela coma sua pizza, o que eu também posso... Só que não a pizza toda.

E, para mim, uma coisa da qual sou culpada – não ria – é julgar pessoas que tenham a audácia de escrever um livro. Ao longo da vida, minha reação de praxe à notícia de que alguém que eu conhecia estava escrevendo alguma coisa era *O que ela tem a dizer que já não tenha sido dito?* Ríspida, não é? Com certeza, eu virei uma nova página e aceitei completamente a ironia de escrever meu próprio livro. Acabei entendendo que escrever não é dizer algo totalmente novo, mas compartilhar com coragem sua história, de tal maneira que ela ecoe em alguém, inspirando esse alguém a repensar sua própria história.

***

Com frequência, julgamos pessoas por causa da falta de entendimento de nossas diferenças. E se, em vez de enxergar essas diferenças como muros que nos dividem, elas fossem vistas como oportunidades para expandir nosso mundo? Para crescer em piedade e indulgência enquanto manobramos as coisas às quais costumávamos reagir com julgamento?

Recentemente, eu estava em uma loja de sapatos e cruzei com uma mulher que tinha a cabeça coberta por um *hijab*. Ela fazia compras com um menino de quatro e uma menina de dois anos que, em minha opinião de mãe profissional, não estavam se comportando como deveriam (coloque uma revirada de olhos aqui). O de quatro estava concentrado em empurrar a de dois em seu carrinho que, periodicamente, ele batia em qualquer parede ou expositor de meias que estivesse em seu caminho. A cada batida, eu olhava e via que todas as pessoas da loja estavam revirando os olhos.

Eu também me percebi os julgando, até lembrar que, em qualquer outro dia, *poderia ter sido eu*. Afinal de contas, eu estava prestes a comprar dez pares de sapatos para os meus filhos experimentarem em casa, para evitar fazer compras com eles em público. Fui até a de dois anos, que estava começando a fazer manha, e perguntei: "Ei, você! Quer brincar com a minha caixa de sapatos?". A mãe falou comigo num inglês hesitante, e eu fui em frente, perguntando de onde ela era. "Sou do Egito", ela contou com um sorriso tímido. "Faz só quatro meses que estamos nos Estados Unidos".

Naquele momento, fiquei feliz por ter optado pela compaixão e não pelo julgamento. Aquela mãe estava fazendo o melhor que podia, exatamente como eu. Passava por uma importante transição de vida com seus dois pequenos e estava até conseguindo colocar sapatos novos em seus pezinhos inquietos.

Precisamos umas das outras, irmãs. Se formos construir um mundo que floresça, temos que olhar para as outras mulheres com compaixão, e não com julgamento. E depois que assumirmos esse compromisso – acolher e não nos entreolharmos com o canto dos olhos –, é possível que descubramos que as coisas que já pareceram tão diferentes, não precisam nos dividir. Em vez disso, elas podem nos moldar como pessoas mais amorosas, sábias e ousadas, que não se esquivam dos outros, mas, ao contrário, que vão ao encontro deles, com as diferenças e tudo mais.

***

Em resumo, é o seguinte: existem duas maneiras de se aproximar das pessoas nesta vida preciosa, e apenas uma delas vale a pena. Você pode julgar, condenar, menosprezar e rotular pessoas, decidindo que são superficiais, chatas, um caos; ou pode aprender sobre elas, afirmá-las, celebrá-las e amá-las, oferecendo-lhes compaixão a todo instante. Pode escolher assumir uma intenção positiva, presumir que aquela pessoa estava fazendo o melhor que pôde, em vez de pular para a conclusão de que ela está agindo por malícia, preguiça ou uma sensação de superioridade.

Recentemente, sentei-me com Addis, uma valente etíope, que deixara uma vida de prostituição, em busca de uma vida de liberdade duramente conquistada. Tinha sofrido lavagem cerebral para acreditar que valia apenas o que um homem pagasse por ela. Não tinha nenhuma habilidade profissional, nenhuma oportunidade, nem esperança para si mesma ou para seu bebê. Mas, então, resolveu mudar sua história e começou a se capacitar em artesanato para uma artesã de adereços, parceira da Noonday.

No início, apesar da sua coragem em embarcar numa nova vida, Addis não se sentia vitoriosa; na verdade, por ser lenta na produção de peças, teve certeza de que logo estaria de volta às ruas. Mas não foi nada disso que aconteceu. Em vez de despedi-la, a equipe a incentivou. Em vez de julgá-la por não conseguir acompanhar o ritmo, gastaram um tempo extra treinando-a. E, como continuavam lhe dizendo que tinha valor, ela finalmente começou a acreditar em si mesma.

A história de Addis é uma que nunca deixa de redefinir minha perspectiva. Nossos parceiros comerciais na Etiópia encaram desafios incríveis ao trabalhar com essas mulheres, muitas das quais escutaram a vida toda que eram inúteis. O trabalho de ajudar essas mulheres a sair das trevas é valioso e necessário. Mas não se engane, é *difícil*.

Nem todas as histórias são de lágrimas de alegria, redenção e gratidão. Trata-se de uma longa jornada reescrevendo as histórias que as mulheres contam para si mesmas há décadas. Muitas delas não fazem ideia de como é ter um trabalho confiável, em que precisam chegar na hora e trabalhar em equipe todos os dias. Elas não entendem como é receber bondade das outras, em vez de julgamento. Querem começar uma vida nova, mas a tarefa de começar uma vida nova é uma batalha árdua. E nossas parceiras caminham com elas passo a passo, respondendo com benevolência quando são atacadas pelas mulheres, e com paciência quando elas simplesmente não comparecem. Elas poderiam ter motivo para julgamentos, mas em vez disso exercitam uma compaixão radical, e é essa compaixão que está mudando vidas.

Se você luta contra um espírito crítico, por favor, pense em Addis ou em Ginny e Wideleine. Enquanto o julgamento pode acumular um grande peso nos ombros de uma pessoa, a aceitação pode tirá-lo de imediato. Pense: *Não sentirei pena dessa pessoa, nem jogarei a culpa sobre ela. Em vez disso, me verei nela e, com grande empatia, me esforçarei a partir daí.* Quando alguém que você conhece der um passo em falso e temer revide, apareça com flores. E, quando ela estiver muito feliz porque a vida parece estar dando certo, comemore seu sucesso e faça um brinde. Por meio das nossas palavras e dos nossos atos, sejamos, todas, mulheres que façam outras mulheres saber que são respeitadas, valorizadas e amadas.

Esse Efeito da Sororidade do qual estive falando diz: "Estou dentro. Estou aqui. Te vejo. Vejo sua necessidade, e não vou embora até você ter ajuda", e, depois que o acolhemos, ele tem o poder de trazer o caos maravilhoso para nossas vidas.

Nos meus primeiros dias com a Noonday, houve inúmeras oportunidades de testemunhar o Efeito da Sororidade em funcionamento. Uma história que sempre me deixa maravilhada envolve um grupo muito coeso de mulheres, em Ruanda, e como nossa disposição coletiva de dar uma chance umas às outras acendeu algo realmente transformador para todas nós.

No começo do processo de adoção, contatei minha amiga Jennifer, a moradora ruandesa que havia facilitado o processo, com uma simples pergunta: "Você conhece algumas mulheres que saibam costurar? Estou procurando um grupo para a produção de uma futura embalagem para a Noonday. Estou pensando em um saquinho com cordão de puxar. Me avise se lembrar-se de alguma coisa."

Embora, na época, a empresa consistisse apenas de cinco embaixadoras muito novatas; uma universitária recém-formada, que ajudava algumas horas por semana enviando pacotes; e eu, queria que os acessórios da Noonday chegassem em embalagens que valorizassem seu conteúdo, algo feito à mão e especial.

Jennifer respondeu em menos de uma hora: "Jessica, acompanhe o meu raciocínio. Conheço, sim, alguns grupos estabelecidos de costura, mas também conheço mulheres incríveis, aqui no meu próprio bairro, precisando desesperadamente de trabalho. Vivem na pobreza e só precisam de uma oportunidade. Você lhes daria uma chance?".

Jennifer seguiu explicando que a maioria das mulheres a quem ela se referia era sobrevivente do genocídio, mulheres que fugiram do país como refugiadas. Algumas delas tinham assumido as crianças órfãs de seus parentes, ainda que mal conseguissem alimentar seus próprios filhos, e agora estavam cuidando de toda uma *aldeia*, depois de tantos pais terem sido mortos.

"Elas estão motivadas", Jennifer disse. "Estão determinadas a se manter. Precisam de qualificação, mas, com certeza, poderiam aprender a costurar."

Minha primeira reação foi de medo. Tudo isso aconteceu quando Travis estava prestes a assinar na linha pontilhada para arriscar sua subsistência comigo, e agora essas mulheres fariam a mesma coisa? Elas eram doze, o que significava que eu tinha uma dúzia de enormes oportunidades de fracasso. E se elas fizessem um curso de costura, e a Noonday nem estivesse mais operando quando terminassem? Eu não fazia ideia de como costurar. Onde encontraria uma *designer* que pudesse trabalhar com elas? E se os custos da embalagem não fossem sustentáveis em longo prazo para a Noonday? Mesmo assim, me vi perguntando *E se conseguíssemos fazer essa coisa funcionar?*

Fiquei sentada junto ao meu notebook por algum tempo, olhando as palavras que havia digitado: "Estou dentro, Jennifer. Quero fazer isso. Vamos descobrir uma maneira de fazer dar certo".

Quando chegou a hora de Joe e eu irmos para Ruanda para a fase final da jornada de adoção, Jennifer sugeriu que eu fosse conhecer as mulheres e desse uma visão de suas futuras carreiras. Conhecer Jack foi, com certeza, o ponto alto daquela viagem, mas conhecer aquelas doze mulheres lindas ficou num segundo lugar bem próximo.

Enquanto eu percorria seus rostos, pensava na mãe de Jack, a mulher mais importante que eu jamais conheceria. Por mais que eu tivesse medo de me comprometer com aquelas mulheres, e por mais que elas se mostrassem céticas em deixar seus afazeres domésticos, comprometer-se com as aulas de costura e suplementar parte dos custos que as clientes da Noonday tinham se oferecido a pagar, o risco de não fazer *nada* pareceu bem maior do que o de fazer *alguma coisa*. Não, aquilo era exatamente o que eu tinha me proposto tantos meses antes, ao transportar os adereços de contas de papel de Jalia e organizá-los para aquele primeiro bazar. A meta que eu estava buscando não incluía apenas Jack. Também tinha a ver com criar oportunidades para mulheres exatamente como aquelas. Tinha a ver com criar um espaço solidário, onde todas nós pudéssemos florescer. Tinha a ver com sororidade.

"Senhoras, vamos encontrar o treinamento e o trabalho de que vocês precisam", disse a elas, encarando-as com firmeza, uma a uma. "Agora, estamos juntas nisso."

***

Logo, Ruanda se tornou um campo de provas para o poder transformador, mais uma vez, do Efeito da Sororidade, dessa vez sob a forma de uma mulher chamada Denise DeMarchis, fundadora da empresa de vestuário Matilda Jane, outra organização de venda direta.

Logo depois que confirmei o acordo da Noonday com aquele grupo de costureiras em Ruanda, as mulheres começaram a ter aulas de costura. Estavam, talvez, na metade do curso, quando recebi um e-mail de Denise, que tinha tomado conhecimento da Noonday. Embora ela pudesse ter nos visto como concorrentes no campo da venda direta, batalhando pelo acesso ao coração e aos lares das mulheres, ela me contou que amava o que estávamos fazendo e que queria participar. Sororidade no que havia de melhor.

Oito semanas depois, uma equipe completa de designers da Matilda Jane embarcou num voo para Ruanda, onde criaria nossa linha *co-branded*. O resultado foi que, quando chegou o mês de maio e aquelas costureiras terminaram o curso, receberam uma encomenda de quatro mil peças para serem produzidas em série, o que é mais do que alguns grupos de artesãos produzem em anos.

Em minha última visita a Ruanda, fui à casa de Grace, uma daquelas primeiras costureiras. Agora, depois de três anos de experiência costurando para a Noonday Collection, ela andava por sua casa comigo, apontando, orgulhosa, coisas que não estavam ali antes do seu trabalho de costura. Mostrou o telhado de zinco, que já tinha sido de palha, o que não protegia sua casa das chuvas. Mostrou um poço que fornecia água fresca para sua família, quando, antes, ela precisava caminhar quilômetros até o poço mais perto.

Minha amiga Jennifer tinha respondido meu e-mail com a pergunta: "Você conhece algumas mulheres que saibam costurar?", juntando-se a mim e às doze mulheres que, agora, tinham um ganha-pão sustentável.

Quando Denise, da Matilda Jane, soube dessa pequena *startup* chamada Noonday, resolveu partir para a colaboração e não para a competição, e também me deu o braço, ainda que sua empresa fosse, no mínimo, mil por cento maior do que a minha. As embaixadoras, então, se juntaram a mim na criação de um mercado para aquelas determinadas ruandesas, e mulheres, por sua vez, abriram suas casas para todos. Essa verdade estava na minha cabeça havia anos, mas depois da minha experiência em Ruanda, passei a senti-la no fundo do meu ser: em face da decisão entre seguir o caminho da competição mesquinha ou da colaboração sincera, a colaboração sempre vence.

***

Um exemplo de importância ainda maior de como o Efeito da Sororidade esmaga o efeito espectador pode ser encontrado na vida de Jalia. Em Uganda, a violência de gênero é uma norma cultural trágica. À medida que as menininhas ugandesas crescem, elas escutam que são desprezíveis e inúteis, só por não serem meninos. Foi exatamente isto que Jalia vivenciou enquanto era criada na aldeia da sua meninice e, no entanto, ela nunca foi do tipo "calado e doce", uma criança que sempre concorda. Tinha uma personalidade forte, uma bela risada e grandes ideias sobre o que queria ser. Quando soube se fazer valer, estabeleceu um exemplo para que outras mulheres também vivessem a vida de seus sonhos.

Depois que o negócio de Jalia de produção de adereços começou a decolar, ela precisou de mais artesãos em sua equipe. Uma das mulheres que contratou, Nakato, estava claramente vivendo em agonia. Comparecia ao trabalho com contusões recentes no rosto e no corpo e havia certa tristeza estampada em seu rosto. Jalia sabia que a violência doméstica era um problema comum, mas o que deveria fazer?

Certa manhã, quando Nakato surgiu com os olhos quase fechados por um soco, Jalia decidiu que era demais. Estava cansada de esperar que alguém mudasse a cultura de seu país. Estava cansada de ver mulheres que ela amava, sendo maltratadas. Cansada de morder a língua. Então, juntou coragem, foi até a delegacia e informou ao policial em serviço que um crime violento havia sido cometido contra uma de suas funcionárias, e que ela exigia que o agressor fosse preso. "Você vai ajudar essa mulher!", gritou.

A polícia de Uganda é sabidamente corrupta. É claro que existem bons policiais, mas, em geral, a cultura policialesca em Uganda opera por meio de subornos. Jalia não tinha meios de subornar a polícia, mas tinha outra coisa: tenacidade. Decidiu, no fundo da alma, que iria até a delegacia todos os dias até que se fizesse justiça.

Seus apelos caíram em ouvidos surdos naquele primeiro dia e novamente no segundo. No terceiro dia, ela precisou perder o casamento de uma amiga artesã, porque já tinha se comprometido consigo mesma a estar na delegacia, lutando em nome da amiga. Dia após dia, Jalia aparecia, determinada a conseguir o que queria, e era continuamente enxotada como se não passasse de um inseto irritante.

Por fim, o policial em serviço não pôde mais ignorá-la. O marido de Nakato acabou sendo detido e terminou na prisão.

Atualmente, Nakato e seus filhos estão seguros. Estão livres de um abuso horroroso. E têm Jalia a quem agradecer por isso, a irmã que simplesmente não ficou de braços cruzados.

Em seu cerne, o Efeito da Sororidade diz: "Terei meu poder, o poder que me compele a não ser uma espectadora, e sim a me levantar e estender a mão". Acredito que cada uma de nós nasceu com uma voz. Em vez de empurrarmos umas às outras para fora do caminho, na busca de nosso grande solo, vamos nos dedicar à construção de palcos, para que juntas possamos ocupar a plataforma e *cantar*.

OITO
INVISTA NA COLABORAÇÃO

Seja uma montanha ou apoie-se em uma.
Provérbio somali

Você se lembra daquela época de tumulto sobre a qual eu contei, que se seguiu ao nosso desastre com o excesso de estoque? Embora a teleconferência que Travis e eu organizamos tenha colaborado muito para a confirmação do compromisso com nossos parceiros – tanto embaixadoras quanto artesãos –, ainda havia muito pessimismo e a necessidade de reconstruir muita confiança. A conferência anual de embaixadoras da Noonday, Shine, era o lugar perfeito para projetar uma visão e mobilizar compromisso. Mas, enquanto eu me preparava para a mensagem daquele ano, minha mente ficava imaginando os assentos das primeiras fileiras cheios dos meus críticos mais severos. Quando compartilhei minha fala com uma das minhas amigas embaixadoras, ela me olhou nos olhos e disse: "Fale para aqueles que acreditem profundamente na nossa missão. Invista seu tempo mobilizando aqueles que querem ser mobilizados, Jessica. E deixe os pessimistas debandarem".

Seu conselho me tranquilizou não apenas para a Shine Conference daquele ano, mas para muitas semanas além do evento. "Mobilize aqueles que querem ser mobilizados" – o sentimento grudou em mim, na mente e na alma. *Ela tem razão*, pensei. Em essência, a Noonday sempre se orgulhou de ser um *nós* poderoso e mobilizado. Minha função era continuar produzindo sobre esse fundamento, ajudando a definir o *nós* que eu queria que fôssemos. Precisávamos de uma espécie de proclamação, um conjunto de lembretes de quem éramos, um grito de mobilização por escrito para aqueles que quisessem ser mobilizados, uma declaração: somos isso.

Para fazer isso, passamos o ano seguinte trabalhando, juntamente com embaixadoras e pessoas essenciais da nossa equipe do escritório-sede, para criar um manifesto, uma declaração que confirmasse quem era, de fato, esse *nós*. Quando revelamos esse manifesto na Shine, no ano seguinte, percebi o quanto tínhamos avançado, o quanto *eu* tinha avançado. Já não liderava com medo. Liderava com uma fé confiante. E o que foi de crucial importância: nossa comunidade estava comprometida. Sob diversos aspectos, esse manifesto inspirou este livro, porque acredito que ele vai muito além da Noonday. Tem o poder de incorporar todos nós.

***

O manifesto incorpora minha paixão por criar uma cultura colaborativa na Noonday. Tenho visto esse tipo de cultura em primeira mão, repetidas vezes, quando visito nossos parceiros artesãos; isso me deu a noção de que realmente é possível criar uma cultura colaborativa, reflexivamente.

Em uma viagem recente a Uganda, entrei na sala de visitas de Jalia e encontrei uma mulher majestosa, um pouco mais velha, vestida com o tradicional tecido *kitenge*. Desde o momento em que entrei, ficou óbvio que ela era uma visita importante. Fomos apresentadas, e, então, essa mulher e Jalia partiram para uma conversa animada em luganda, enquanto bebiam suco de maracujá e chá. A certa altura, vi a mulher mostrar uma folha de papel contendo uma longa lista, e, de uma hora para outra, Jalia lhe entregou um total de cem dólares em dinheiro vivo. Quando a mulher saiu, perguntei: "Que raios foi tudo isso?".

Jalia explicou que a mulher tinha sido sua vizinha na aldeia, a mesma mulher que dava uma olhada nela e em seus irmãos quando eles eram pequenos. A mãe de Jalia tinha arrumado um trabalho em outra aldeia, o que significava que ela e seus irmãos viviam numa casa conduzida por crianças. Elas precisavam ser supervisionadas e aquela mulher tinha preenchido esse papel.

MANIFESTO DAS EMBAIXADORAS DA NOONDAY COLLECTION

Somos uma Sororidade –
imperfeitamente corajosas.

Acreditamos em segundas tentativas e em seguir,
mesmo com medo.

Quando olhamos ao redor do mundo não vemos
desconhecidos, vemos a nós mesmas.

Os sonhos dela têm tanta importância quanto os meus.
Portanto, não julgamos: fazemos.
Não nos limitamos a falar: agimos.

Acreditamos que, enfeitando nossas amigas,
podemos mudar o mundo.

Somos porta-vozes com braceletes,
enfeitando-nos com autenticidade e acessórios,
com confiança e garra.

Pedimos desculpas por nossos erros.
Não pedimos desculpas por sermos nós mesmas.
Presumimos o melhor uma da outra.

Aceitando nossa vulnerabilidade, criamos espaços
solidários de pertencimento, para nós mesmas
e para outras.
O sucesso dela não diminui o meu.

Isso é mais do que apenas enfeite; é um convite para se
juntar à jornada.

Não queremos nada além de que as mulheres se ergam,
vivenciem sua história e assumam seu valor.

Somos melhores juntas.
Somos embaixadoras da Noonday Collection.

"Ela está juntando dinheiro para o casamento da filha", Jalia explicou, acrescentando que, em Uganda, os casamentos são custeados pela comunidade: alguns shillings de uma tia para pagar o bolo, alguns shillings de um antigo vizinho para contratar um fotógrafo, talvez alguns de um primo distante, para cobrir os guardanapos ou os pratos. Relembrei o quanto fiquei constrangida em relação à minha necessidade, quando organizei o primeiro bazar na minha casa, e comparei isso com a *falta* de constrangimento presenciada ali. *Por que minhas amigas e eu sempre pedimos desculpas quando se trata de colaboração?*, me perguntei. *Temos muitíssimo a aprender*.

No decorrer da nossa amizade, tenho visto muitos exemplos de como Jalia assumiu a cultura colaborativa da sua infância, provocada pela necessidade em uma família polígama de quarenta filhos, e aplicou suas melhores lições em seu negócio. Os artesãos de Jalia são mais do que apenas colegas de trabalho; são família uns para os outros. Assumem a sobrecarga uns dos outros, comemoram as alegrias uns dos outros e nunca hesitam em dar o que têm quando um dos membros da família está em necessidade. Essa cultura colaborativa nunca se revelou mais clara do que quando Mama Jabal, um dos membros originais da oficina, viu-se desprovida de todas as suas posses terrenas.

Veja, Mama Jabal tinha estado em um casamento abusivo por anos, com um homem que a tratava com o mesmo respeito que trataria um cão de rua. Não apenas abusava dela, como tinha inúmeros casos e estava envolvido em bruxaria. Era um descontrolado e um dia jogou Mama Jabal e seus dois filhos na rua, apenas com as roupas do corpo. Subitamente, essa mulher forte e corajosa se viu totalmente desamparada, com duas crianças para cuidar e sem meios de reclamar seus direitos.

Infelizmente, Mama Jabal está longe de ser a única em sua vivência de abuso. Na maior parte do mundo, atualmente, as mulheres continuam oprimidas, e, nesses lugares, conflitos violentos, visões extremistas, patriarcado que se estende por gerações e pobreza abjeta contribuem para uma realidade terrível para mulheres e meninas, principalmente em tempos de guerra. Mulheres e meninas são mais visadas do que qualquer outro grupo por homens intolerantes e poderosos. E mulheres e meninas sofrem mais do que qualquer outro por causa do analfabetismo, da falta de remédios adequados, de nutrição adequada, de cuidados adequados durante e após o parto e da falta de oportunidades adequadas de trabalho.

Muitas dessas mulheres não têm uma comunidade que as ampare. Mas, graças a Deus, Mama Jabal teve. Um dia depois do marido tê-la posto para fora, Mama Jabal compareceu ao trabalho na oficina e encontrou uma colher e um garfo sobre sua cadeira. Mais tarde, no mesmo dia, alguém lhe trouxe um mosquiteiro. Depois do almoço, lençóis apareceram em sua mesa de trabalho. Antes de ir embora, naquele dia, Mama Jabal possuía os artigos de primeira necessidade que lhe haviam sido tirados, além do dinheiro do aluguel para recomeçar. Quando se vive numa cultura colaborativa, a pessoa pede o que necessita e dá tudo que pode. Como diz o provérbio somali, você escolhe "ser uma montanha ou se apoiar nela".

Essa maneira de vida colaborativa também está em vigor em inúmeras outras comunidades com as quais temos parceria. Recentemente, minha amiga etíope, Cherry, me contou sobre cinco mulheres que deixaram a prostituição e entraram no programa Women at Risk (Mulheres em Risco), fundado por ela para resgatar mulheres das ruas, o que acabou se transformando no negócio que, agora, produz algumas de nossas peças com reaproveitamento de artilharia (*upcycling*). Na época, cada uma dessas mulheres estava grávida de uma menina. Cherry refletiu sobre os inúmeros desafios que todas elas tinham enfrentado durante aqueles anos, dizendo que tinham conhecido colinas, vales, vitórias e derrotas, enquanto juntas navegavam pela parentalidade, pelo trabalho, pela perda de emprego, vivendo a vida como uma só pessoa. Foi por isso que, quando uma das cinco mulheres sofreu um ataque cardíaco e morreu, o golpe foi tão violento.

Cherry imediatamente passou a cuidar de Tesfanish, a filha da falecida. Mas, na realidade, a comunidade passou a ser a mãe da menina. "Uma criança pertence a todas nós", Cherry ponderou. "Todas nós nos dispomos a ajudar". As outras mulheres conversavam com a menina, preparavam refeições para ela, faziam-lhe roupas e mais. "Elas eram uma comunidade de tias", Cherry disse, "que, juntas, funcionavam como mães".

Alguns anos atrás, todas as cinco filhas terminaram a *high school*, passaram nos exames nacionais e partiram para a universidade; uma série de enormes realizações, todas resultantes do *seguir juntas*, e não sozinha.

***

Histórias como essas são poderosas e, no entanto, para nós, podem parecer de outro mundo. É verdade: O mais provável é que nunca experimentemos uma pobreza paralisante, nunca sejamos vítimas de crimes policiais brutais e nunca conheçamos a dura realidade de sermos traficadas. Mas todas nós podemos nos ligar à ideia de que a vida, com frequência, não transcorre nem um pouco da maneira que desejávamos, e as coisas nem sempre saem como esperávamos. Independentemente de onde vivamos, de onde estivemos, ou do que fizemos, *todas* nós sabemos qual é a sensação de lutar e se esforçar numa vida que jamais pedimos, mas subitamente nos vemos tendo que viver. *Todas* nós sabemos o quanto a solidão pode parecer sombria. *Todas* nós sonhamos com alguém que apareça e se manifeste, dizendo-nos: "Vou lutar junto com você".

No ambiente da Noonday, nossas conversas giram em termos de um modelo de membros, no qual todos os envolvidos no negócio possam prosperar *ao mesmo tempo*. Este enfoque de membros está no cerne do que significa, para a Noonday, ser uma certificada B Corp (ou seja, corporação sem fins lucrativos) e difere do método típico limitado a acionistas. Artesãos, embaixadoras, equipe de escritório doméstico, anfitriãs de bazares, o banco que estabelece nossas linhas de crédito, estamos todos juntos nisto, todos seguindo com o mesmo objetivo. Jalia se preocupa com a embaixadora de Iowa, que se sente requisitada em mil direções, criando quatro filhos e agendando tantos bazares quantos consegue; e essa mesma embaixadora se preocupa com os artesãos da equipe de Jalia, que ainda lutam para pagar os estudos dos filhos. Algo nesse espírito colaborativo faz cada peso parecer mais administrável.

Você se lembra de Wideleine, aquela mulher obstinada que foi forçada, pela pobreza, a entregar sua filha para adoção? Hoje, ela é um exemplo vivo do que a colaboração pode fazer de fato. Como muitas haitianas, Wideleine sonhava em um dia ter seu próprio lote de terra, com uma casa firme e uma horta. Sabia que seria quase impossível conseguir esse objetivo por conta própria, então, em vez de partir para isso sozinha, ela e uma amiga da oficina, Yvetta, resolveram se juntar e tornar seus sonhos realidade. Como tinham bons trabalhos e salários confiáveis, conseguiram reservar um tanto por mês. Também receberam uma concessão de terra do fundo de impacto social, que sua oficina administra atualmente. Wideleine e Ivetta, agora, compartilham uma área de terra que lhes pertence totalmente; construíram casas modestas, mas seguras, onde podem criar seus filhos; e têm uma irmandade que vale mais do que ouro.

Em uma viagem recente ao Haiti, elas quiseram que eu conhecesse suas casas. Ali parada, de mãos dadas com as duas, Yvetta de um lado e Wideleine do outro, não pude deixar de pensar nas mulheres que me deram as mãos, em primeiro lugar, comprando produtos da Noonday e depois se juntando ao nosso time de embaixadoras. Aquele dia foi uma culminância de colaboração, que se estendeu do meu quintal para todo o globo.

Uma maneira infalível de saber que uma cultura se redirecionou para colaboração é quando um grupo de pessoas se junta para realmente compartilhar o peso; *a divisão não divide*, ela unifica.

Sei que parece impossível, mas sou a prova viva de que é verdade. E se você fizer parte de uma comunidade cuja reação à tensão relacional seja lançar uma missão generalizada de localizar-e-destruir pelo bem de todas as partes envolvidas, então também sabe que isso é verdade. A divisão não precisa nos dividir; ela pode nos tornar mais fortes do que nunca.

Deixe-me voltar àquela situação envolvendo nosso excesso de estoque. O que não contei antes foi que a líder do negócio artesão, que compartilhou seus medos e preocupações, particularmente, com algumas embaixadoras, levando ao efeito cascata de angústia e incerteza por toda comunidade de embaixadoras, foi Jalia, minha própria parceira, desde meu primeiro bazar. Minha querida amiga Jalia e sua empresa artesã em Uganda foram profundamente impactadas por nossa oscilação no volume de encomendas. É fácil entender por que ela temeu pelo futuro, considerando o quanto lhe foi difícil demitir funcionários, depois de ver apenas um crescimento explosivo, vários anos seguidos.

O fato de hoje continuarmos tão unidas quanto irmãs, e de ainda operarmos com eficiência em nosso relacionamento, é um testemunho da cultura colaborativa e solidária em que ambas nos vemos. Sim, é possível que haja um pouco de drama ao longo do caminho – *alô*, estamos lidando com humanos confusos por aqui –, mas a solução *pode* acabar vindo.

A primeira vez em que vi Jalia depois de toda aquela turbulência, caímos nos braços uma da outra, num abraço mais apertado do que jamais havíamos dado. Naquele período de várias semanas, as coisas tinham ficado muito tensas. Eu disse coisas. Ela disse coisas. Mas ali estávamos nós, determinadas a resolver tudo.

E se tivéssemos que passar por tudo aquilo de novo, ela me disse, anos depois, que teria escolhido a confiança e não o medo. "Eu também", respondi com um sorriso.

***

Aprendi várias lições enquanto enfrentava aquela agonia do estoque, a principal delas centrada na importância do diálogo pertinente, essencial quando estamos levando a sério a criação de uma cultura reflexivamente colaborativa. O diálogo envolve o livre curso de intenção entre duas ou mais pessoas e envolve *escutar bem* e fazer *suposições generosas*, mesmo que elas não sejam feitas em relação a nós. Em primeiro lugar, vamos para a parte da escuta desta equação.

Travis e eu tivemos muitas conversas de alto risco durante aquela fase, com artesãos, embaixadoras, e entre nós, e algumas delas eu realmente ferrei. Nas conversas de alto risco, geralmente prevalecem duas tendências: ou entramos no proverbial ringue de boxe, com luvas vermelhas chamativas, prontos para vencer com um direto no queixo, ou ficamos grudados no banquinho do canto do ringue, nos recusando a participar. O que eu aprendi? Existe outra maneira. Ela exige intenção, humildade, curiosidade e prática, e é essencial para a boa condução. Em vez de se defender, acusar e explicar (murro! Gancho! Golpe no queixo!), podemos tirar as luvas de boxe e nos concentrar em desenvolver uma conversa segura. Podemos nos posicionar para a empatia, a compaixão, a paz e o amor. E é a partir dessa postura que saem as coisas mais milagrosas da nossa boca. Coisas como:

- *"Me fale mais."*
- *"Gostaria de entender melhor a sua perspectiva aqui."*
- *"Me diga no que posso melhorar."*
- *"Tenho muito a aprender com você."*
- *"Você gostaria de dizer mais alguma coisa?"*

O diálogo saudável não é, de jeito nenhum, uma luta de boxe; é um nado sincronizado: unificado, focado nos outros, gracioso.

Em segundo lugar, o diálogo pertinente deve incluir suposições generosas; em outras palavras, conceder às pessoas o benefício da dúvida. "Talvez aquela recusa do vizinho ao meu convite para jantar não fosse, de fato, uma rejeição a mim", poderíamos dizer a nós mesmos. "Talvez aquela amiga não tenha me ligado de volta porque o filho está doente, não porque ela não dá a mínima para mim", poderíamos dizer. "Talvez eu esteja atribuindo um significado àquele comentário e, na verdade, não tenha sido essa a sua intenção."

Depois que comecei a trabalhar minha habilidade de comunicação, vi que *minhas próprias suposições* eram, frequentemente, responsáveis pelo conflito entre mim e as outras pessoas. Experimente isso: na próxima vez em que você e outra pessoa tiverem um atrito na conversa, respire fundo e escolha acreditar no melhor em vez de se afundar no ceticismo, no cinismo e na insegurança que gritam:

- *Ela está contra mim.*
- *Ela está louca da vida comigo.*
- *Ela me detesta.*
- *Ela acha que estou errada.*
- *Ela fez isso de propósito.*
- *Ela tentou me magoar.*
- *Ela quer me ferrar.*
- *As coisas nunca dão certo pra mim.*

Não importa o quanto a situação esteja complicada ou o quanto os riscos pareçam altos, você e eu, geralmente, estamos a apenas uma conversa de acertar os problemas de relacionamento. Em culturas realmente colaborativas, a desunião é perseguida... *Rapidamente*. Em vez de ficar sentada remoendo, murmurando, fofocando, duvidando, culpando e tudo mais, existe:

- *suposição generosa*
- *avaliação racional*
- *conversa esclarecedora*
- *clemência*

Em nossa comunidade, supomos o melhor uma da outra, exatamente como diz nosso manifesto de embaixadoras, e essa intenção positiva é essencial para um modo de vida colaborativo.

Outra maneira de saber que um espírito colaborativo está se enraizando em você e à sua volta é *que a alegria de um é a alegria de todos, e cada sucesso pertence a todos.*

Já contei que sou de San Antonio, famosa por sua semana de Fiesta e por sua cultura festiva. Por isso, as festividades do meu casamento incluíram uma banda de dez *mariachi*, uma banda dançante ao vivo, um bufê gourmet e cerca de quinhentos convidados. Durante meu noivado de um ano com Joe, sonhei com tudo que nosso grande dia pudesse requerer, algo comum para qualquer um que viva no abastado Oeste norte-americano. Mas e no mundo em desenvolvimento? As meninas de lá sonham de maneira semelhante com o dia do seu casamento, e, mesmo assim, com grande frequência, seus sonhos nunca se tornam realidade. A pobreza pode significar falta de comida... Falta de água limpa... Falta de remédios adequados, de educação e de trabalho. Mas também pode significar falta de dinheiro para pagar as taxas legais exigidas para uma certidão de casamento, impasse encarado por um artesão ugandense chamado Bukenya, membro orgulhoso da equipe de Jalia.

Bukenya e sua esposa, Coral, estavam comprometidos há anos e, no entanto, não conseguiam arcar com a certidão de casamento para tornar sua união oficial. Trabalhavam para Jalia em sua oficina, produzindo colares e outras peças para a Noonday, e um dia Jalia disse a Bukenya: "Sabe de uma coisa? Se você começar a economizar um tanto do seu salário, um dia poderá se dar ao luxo de ter um casamento".

Bukenya levou um ano inteiro para economizar a quantia necessária, mas, em dezembro de 2012, ele e Coral estavam casados. Mas espere, ainda tem mais. Havia tantos casais na situação de Bukenya e Coral – casais que, finalmente, tinham trabalhos decentes e ganhavam salário digno, mas que ainda lutavam para reservar algum dinheiro para coisas não essenciais – que a igreja decidiu organizar um casamento coletivo. Isso significava que as taxas costumeiras do cerimonial puderam ser divididas entre vários casais – neste caso, *dezenove* noivas e noivos. Membros da comunidade, familiares e amigos queridos doaram dinheiro para um casamento coletivo, e, como resultado, todos se beneficiaram.

Bukenya me mandou uma foto daquela festa de casamento, e é uma imagem que eu sempre guardarei. Dezenove mulheres de branco, posando altivas e orgulhosas, naquele dia, com os novos maridos sorridentes ao lado. Ainda que a organização tenha sido fruto da necessidade, acho que aquelas noivas tiveram o melhor de todos os mundos possíveis. Para mim, houve algo extremamente comovente naquelas mulheres se juntando e compartilhando um dos dias mais especiais e memoráveis de suas vidas. Era o espírito colaborativo que devia estar circulando por aquela igreja. *A alegria de um é a alegria de todos. Todo sucesso pertence a todos.*

***

Na Noonday, somos fortes em celebrar conquistas em relação ao impacto provocado, a prêmios recebidos, a vendas fechadas; basicamente, amamos *reconhecer*. Mas, ao longo dos anos, algumas embaixadoras me desafiaram, perguntando como poderia encorajá-las a estabelecer seu próprio ritmo e simultaneamente festejar no palco da Shine a mulher que acabou de atingir quinhentos mil dólares em vendas.

O motivo de eu insistir em destacar, anualmente, as melhores vendedoras e líderes comerciais da Noonday em nossa conferência Shine *não* é diminuir as contribuições de cada uma que *não* está em pé no palco, mas sim dar a cada pessoa sentada naquela sala razões tangíveis para comemorar. Existe uma forma saudável de competição, e quando mantemos a comparação devidamente contida, a competição pode ser altamente motivadora. Podemos ser competitivas *e* colaborativas; em outro sentido, podemos levar uma vida *e* em nosso mundo de *ganhar/perder*, *ou/ou*. Deixe-me mostrar o que quero dizer.

Participo de um treinamento físico militar, o chamado *bootcamp*, algumas vezes por semana, aqui, em Austin, e embora os participantes da aula sejam sempre os mesmos a cada treino, existem outros, como eu, que vêm e vão como podem. A prática de atividades físicas em grupo sempre me ajudou a trabalhar mais do que eu faria se entrasse em uma academia sozinha, mas, neste último ano, reparei que quando essa mulher chamada Julie aparece na aula, eu me mato, do primeiro ao último exercício.

Minha impressão é de que Julie tenha cerca de 25 anos; ela está treinando para um *triathlon* e não brinca em serviço enquanto está fazendo polichinelo. Eu, por outro lado, só estou tentando ficar longe dos ansiolíticos e, evidentemente, malhar ajuda de fato nisso. Mas descubro que sempre que Julie está ali, me esforço mais, sou mais rápida, foco com mais intensidade nos músculos que estou querendo movimentar. Não é estar amarrada a Julie, como na aula de Educação Física. Não existe um arrastar de Jessica por uma pista, apenas um sólido incentivo pelo exemplo de uma pessoa vigorosa, persistente e *musculosa*. Como ela aguenta firme nos sessenta minutos da aula, eu aguento. Como ela vai além da sua zona de conforto, eu também vou além da minha. Como ela dá o máximo de si, eu também dou o que tenho. Não para que eu possa ter meu mérito por meio desses esforços, mas para que eu possa me *juntar a ela* em saúde e bem-estar. A competição em que me envolvo não é a "triatleta perfeita e concentrada" Julie contra mim, o antagonismo disso tudo. Não, não. A competição é *eu contra mim*, eu contra o meu melhor naquele dia. Julie é simplesmente minha companheira de ritmo nos sessenta minutos da *rock star* Jessica.

Garanto a você que, se deixar esta ideia se infiltrar em sua alma, poderá enfileirar troféus em sua parede e comemorar inúmeras vitórias, sem arriscar um grama sequer da sua identidade em tudo isso. Chega de escolher um ângulo para se posicionar. Chega de fazer poses para impressionar quem estiver à sua volta. Chega de desejar o estilo de vida de alguém. Podemos ser pessoas que escolhem deixar a felicidade de outras também borbulhar dentro de nós.

***

Outro indício revelador de que a colaboração esteja se tornando sua norma é o seguinte: O processo de pedir ajuda uns aos outros, de pedir parceria ou companhia, é tão automático quanto querer café logo que acorda.

Minha amiga Mica, empresária assim como eu, adora contar uma história que ocorreu quando estava na primeira série. Certa tarde, ela pegou o telefone e começou a ligar para as amigas, para ver se alguma delas poderia vir brincar em sua casa. "Ei, você quer vir aqui em casa?", Mica perguntou para a primeira menina que disse: "Não. Me desculpe, não posso". Sem problema; Mica simplesmente convidaria outra menina... Mas, você não vai acreditar, aquela menina também recusou, bem como a que veio a seguir.

Sem que Mica soubesse, sua mãe estava escutando esses telefonemas. Depois da terceira recusa, a mãe se viu compelida a correr em auxílio da filha, para protegê-la da rejeição e da mágoa. Mas justo quando estava se dirigindo a ela, notou que ela havia pegado o telefone mais uma vez. "Ah, tudo bem", disse para a amiga número quatro. "Quem sabe da próxima vez! Tchau!"

"Não sei o que impediu minha mãe de vir em meu socorro", diz a Mica adulta, "mas, por algum motivo, ela permaneceu afastada. É lógico que eu telefonei para umas *dez* amigas, antes de achar uma única que podia brincar".

Depois de encontrar aquela colega disponível, Mica desligou o telefone, veio até a mãe e anunciou: "Boa notícia! Valerie pode vir brincar!".

Adoro essa história porque ela demonstra de um jeito bonito o que significa ser quem pede, ficar convidando pessoas para vir à sua casa, independentemente de quem diz sim ou não. Quando vivemos em uma cultura colaborativa, o fato de pedir perde sua característica incômoda e se torna algo perfeitamente natural. Quando estamos vivendo na reciprocidade, ninguém mantém um registro corrente de favores pedidos ou concedidos. Não existe medo de imposição ou de parecer egoísta, porque está tácito que somos um *conjunto*. Acreditamos que não conseguimos fazer aquilo sozinhos, então nos sentimos livres para pedir, para mostrar as nossas necessidades, sem sentirmos vergonha.

Depois daquele primeiro bazar da Noonday, quando eu temia que ninguém aparecesse, ganhei confiança em "pedir". Por fim, quando convidadas nos bazares me diziam que tinham uma amiga, ou parente, que poderia estar interessada em recepcionar seu próprio bazar, eu tinha a coragem de pedir o nome e o telefone da pessoa e no dia seguinte ia à luta.

Com frequência, essas mulheres moravam em outras cidades, e eu, então, embalava minhas amostras de peças, bolsas e mostruários e as levava até Houston, San Antonio ou Dallas. Mas, como ainda estávamos aos trancos e barrancos financeiramente, não podia arcar com uma estadia em hotel, durante a minha visita. Eu não apenas pedia a essas mulheres para abrir suas casas para bazares, como também para o pernoite de uma hóspede.

Você fica horrorizada com a ideia de perguntar a uma estranha se pode dormir na casa dela? É verdade, talvez você não se veja exatamente neste "pedir" em sua jornada para intenção e impacto. Mas garanto que vai se encontrar em situações onde, para seguir adiante, seu caminho será pavimentado com a ousadia de pedir o que você necessita. Se você tiver um espírito combativo se agitando dentro de você, será conduzida para o caminho da colaboração, mas ninguém estará lá para ajudá-la, a não ser que junte coragem para pedir.

Seja qual for o "pedir" que seu sonho a empurra para, incentivo-lhe a tomar esta mesma atitude. Se acreditar no que está empenhada em conseguir, deixe que sua paixão transpareça em suas palavras. Não guarde tudo para si. Convide outras pessoas a se juntar a você nesta coisa linda que está criando. As pessoas almejam ser necessárias, contribuir. Quando pedimos a alguém, dizemos a ela: "Você tem valor e algo a oferecer. Ficaria honrada se você se juntasse a mim nisso". Acredito que esta é uma das mensagens mais fortalecedoras que você pode mandar. Quando pedir se torna, simplesmente, reflexivo, todos nos beneficiamos, e nossa comunidade se torna mais forte do que jamais imaginamos.

O indicador final de que sua comunidade está realmente abraçando um espírito de colaboração é que as despedidas nunca são para sempre, e os finais se tornam tão importantes quanto os começos. Quando reconhecemos nossa necessidade mútua, fica quase impossível dizer simplesmente adeus e ir embora – o que é bom, porque detesto despedidas. Claro, a dinâmica muda aqui e ali, mas as coisas precisam mesmo ter um final?

Provavelmente você reconhece a importância de dar uma boa primeira impressão, mas já parou para pensar na última impressão que você deixa? A primeira gerente de produtos da Noonday aceitou um cargo em outra empresa e agora vive e trabalha em Nova York. Mas sempre que a Noonday lança uma nova coleção, ela me manda parabéns. Nossa parceria nunca terminou, apenas ficou diferente. O "final" só é o começo de algo novo.

Se quiser crescer em sua carreira, será bom adotar essa abordagem. Nunca bata uma porta ao fechar. Mantenha esses relacionamentos vivos. Porque nunca se sabe quando surgirá uma oportunidade de nova colaboração, e essas oportunidades têm o potencial de impulsioná-la para onde você quer estar. Afinal de contas, se eu não tivesse, obstinadamente, mantido contato com minha amiga de faculdade, Laura, nunca teria ido visitá-la em Uganda. E foi naquela viagem que refiz a ligação com Downie e tive a oportunidade de vender caixas de lindos adereços ugandenses, levantando fundos para minha adoção.

***

Em nossa última noite no Haiti, numa recente viagem ao país, embaixadoras e artesãs haviam se reunido na praia para compartilhar nossos momentos mais memoráveis da semana. Foi então que alguém sugeriu tirarmos uma foto do grupo para podermos selar essa experiência de conexão e união para sempre. Estava anoitecendo, e o pôr do sol era estupendo. Sem de fato planejar isso, assim que o rapaz que concordou em tirar a foto ficou a postos, todas as dez mulheres pularam no ar. Como nosso fotógrafo estava fotografando ao crepúsculo, com o oceano atrás de nós, o que apareceu na foto final foram apenas as silhuetas de nós dez, recortadas contra o céu e a areia. Mas, honestamente? Acho que foi melhor assim. Eu meio que gosto que nossos rostos estejam obscuros. Porque, nessa versão, nosso verdadeiro significado não está em nossa individualidade, mas em nossa cumplicidade ao dar nosso grande salto.

É isso que acontece com as culturas colaborativas, entende? Ou estamos juntos nessa, ou não estamos de jeito nenhum.

PARTE TRÊS

UM MUNDO DIFERENTE

NOVE
AMPLIE SEU CÍRCULO

*Quando olhamos ao redor do mundo,
não vemos desconhecidos – vemos nós mesmos.*
Manifesto das Embaixadoras da Noonday Collection

Nos capítulos anteriores, vimos a importância de construir uma cultura colaborativa em sua vida – que celebre similaridades e transforme as diferenças em oportunidades de crescimento. Nesta parte, vou pedir a você que amplie o círculo de aceitação e compaixão, possibilitando que outras pessoas floresçam. Estenda-o até que cubra sua comunidade, seu estado, seu país. Depois, continue ampliando-o, até que o *mundo todo* esteja envolto nesse círculo.

Sim, estou pedindo a você que chame o mundo todo para dentro do seu círculo de empatia. Parece sufocante? É, a não ser que suas tentativas estejam ancoradas numa genuína conexão humana. O fato é que podemos ler reportagens sobre a crise dos refugiados sírios, podemos compartilhar um *post* no Facebook sobre tráfico de crianças e deixar um enlatado no banco de alimentos local, mas a não ser que permitamos que nobres esforços nos conectem com pessoas da vida real, não vamos chegar muito longe. Afinal de contas, a coragem é despertada pela conexão, e a conexão só acontece quando os olhos e as almas se encontram. Os bebês se desenvolvem quando os pais olham com amor em seus olhos. As crianças amadurecem aprendendo a fazer contato visual. E acontece que os adultos, por fim, arriscam a mudar o mundo em que vivem ao enxergar – realmente enxergar – uns aos outros.

***

Um dos melhores e piores dias da minha vida foi o dia em que ressuscitei meu filho Holden de um quase afogamento. Amelie, Holden e eu tínhamos encontrado quatro mães e seus filhos em uma piscina do bairro. Depois que eu e as outras mães tínhamos acomodado os pequenos bem longe da água, para almoçar, eu disse às minhas amigas que ia pular na água com as crianças grandes. Amelie foi a primeira a pular para mim, e, assim que a apanhei, dei uma olhada por cima do ombro, porque algo tinha atraído meu olhar. Foi então que vi meu filho de dois anos boiando na água, de bruços.

Disparei pela água, que agora parecia areia movediça, para pegar meu filho, e nadei até a beirada da piscina, segurando nos braços o corpo largado de Holden. Tirei-o da piscina, colocando-o sobre o concreto quente e comecei a bombear seu coração com as palmas das mãos, clamando por Jesus, enquanto lembrava minha última aula de RCP na *high school*. Depois do que me pareceu uma eternidade, os lábios roxos de Holden cuspiram a água da piscina, e seu rosto azulado recuperou seu tom de pele. Mesmo minhas amigas já tendo chamado socorro, corri para o meu carro, coloquei Holden dentro e acelerei para o pronto-socorro. Uma enfermeira bondosa pegou meu cartão do seguro e minha carteira de motorista e me levou para a área de exame, onde meu menino e eu esperamos um técnico de raios-x vir fazer exames em Holden, para ter certeza de que já não havia mais água em seus pulmões. Ainda temos o bichinho de pelúcia que a enfermeira lhe deu naquele dia.

Horas depois, cheguei em casa com Holden, meu menino a salvo e meu coração agradecido, mesmo eu estando extremamente abalada.

Algum tempo depois desse acidente, refleti sobre os meios que tinham facilitado o salvamento de Holden naquele dia: uma aula de RCP, uma chamada para o 190, um carro disponível, uma sala de emergência totalmente equipada, um plano de saúde que funcionou para mim... Cada uma dessas ferramentas é muito útil, perante uma crise verdadeira, seja quando for que ela aconteça, concorda?

Um ano depois, eu estava fazendo compras quando recebi um telefonema de Jalia. "Jessica", ela disse, com a voz urgente e entrecortada. "Estamos com uma emergência aqui. Preciso arrumar ajuda para Mama Sham."

Em instantes, fiquei a par do que tinha acontecido. Mama Sham, uma das artesãs de Jalia, em Uganda, tinha acordado duas semanas antes e descoberto que seu corpo estava completamente paralisado. Como havia tido, anteriormente, um casamento abusivo que durou anos e agora vivia como mãe solteira, seus filhos tinham passado a ser seus cuidadores. Durante quatorze dias, então, Mama Shan tinha se apoiado nos quatro filhos para levantar o corpo quando precisava se mexer, mudar de roupa quando as suas estivessem sujas, dar comida na boca quando tivesse fome e deitá-la, quando fosse hora de dormir.

Enquanto eu escutava o medo na voz de Jalia, meus pensamentos relembraram às pressas minha própria experiência com Holden, quando a morte tinha olhado direto nos olhos da nossa família e, pela graça de Deus, tinha piscado. Meu filho tinha voltado para mim são e salvo, mas se tivesse nascido em muitos outros lugares do mundo, muito provavelmente não seria esse o caso. Aquela vulnerabilidade momentânea tinha me despertado para a penosa e persistente vulnerabilidade das pessoas que vivem no mundo em desenvolvimento, e de um jeito que nunca teria se fosse por meio de jornais ou documentários.

Para Mama Sham, a realidade daquela vulnerabilidade estava atingindo sua família e amigos com uma vingança. Em Uganda, não existe *ligar para o 190*. Não existe *pular para dentro do carro e ir para o pronto-socorro*. Não existe *técnico de raios-x de plantão, pronto para ajudar*. É claro que os filhos de Mama Sham poderiam ter chamado uma ambulância, mas isto exigiria dinheiro na mão, para ser pago na chegada. Uma vez no hospital, seria preciso ainda mais dinheiro de Mama Sham para dispor, pelo menos, de um instante do tempo do médico. Mama Sham não tinha dinheiro em mãos, então ficou deitada em casa, certa de que morreria ali.

"Jessica", Jalia disse, "temos que ajudar nossa amiga. Não podemos deixá-la viver assim".

A questão aqui não era *se* a Noonday ajudaria. A questão que se colocava para nós era *como*.

***

Você e eu sabemos que as coisas no nosso mundo estão erradas e que temos que fazer nossa parte para acertá-las. No entanto, com muita frequência, reagimos mantendo o sofrimento à distância, escolhendo viver com uma culpa comedida em vez de participar. Geralmente, mantemos nosso círculo de compaixão pequeno, porque temos medo de, uma vez conscientes das necessidades do círculo mais amplo, termos que assumir responsabilidade pela solução do problema e sacrificar nosso conforto no processo. Temos medo de dizer a coisa errada, fazer a coisa errada ou de doar para a causa errada em nossas tentativas de melhorar as coisas. Ou temos medo de que, ao despertar para o sofrimento alheio, entramos numa espiral, incapazes de lidar com o peso emocional.

Ora, para que você não pense que não passo de um coração de manteiga, que lê *Metade do Céu* como divertimento, e passa os fins de semana marchando, que assina todas as petições que chegam pelo *inbox*, ou que clica em cada oportunidade para apoiar uma causa no Facebook, deixe-me esclarecer: Não sou. Mas cada vez mais quero ser. Acontece que fundar uma empresa de comércio justo não é um antídoto para minha própria tendência humana de priorizar meu próprio conforto em detrimento da ação. Sou a pessoa que vai até o final do livro só para me preparar para a decepção e o desgosto que estão à minha espera. Sou uma dessas cínicas que especula sobre a eficiência de muitas das campanhas de arrecadação de fundos que recebe. E você não vai encontrar uma série de documentários comoventes, mas importantes, na minha fila do Netflix (prefiro suspense, que dispara o coração). Mais doloroso de admitir, quando meu amigo advogado, Norbert, me deu de presente um livro chamado *The Men Who Killed Me: Rwandan Survivors of Sexual*

Violence, coloquei-o na prateleira e nunca o abri, porque não quis carregar o peso da tristeza que eu sabia estar contida naquelas páginas. No entanto, continuo a crescer em minha capacidade de expandir o círculo de compaixão e, por sorte, minha jornada mal começou.

Minha intenção ao fazer essas confissões bem humilhantes é a seguinte: Você não precisa alcançar a perfeição, enquanto expande seu círculo de compaixão para se aproximar do sofrimento. *Você, simplesmente precisa se aproximar.* Porque quando nos conectamos de verdade com as pessoas fica muito mais difícil priorizar nosso conforto com relação às necessidades evidentes e atuais delas. Se eu tivesse apenas lido sobre o estado de Mama Sham na página do Facebook de alguém, teria me compadecido dela, com certeza, mas não posso dizer que essa compaixão fosse me levar à *empatia*. A compaixão diz "Sinto pena de você", enquanto a empatia diz "Eu poderia ser você". Quando recebi aquele telefonema de Jalia, porém, a condição de Mama Sham ficou instantaneamente real para mim. Eu a conhecia. Ela era minha amiga. Senti empatia por ela e me vi levada a ajudar. E ajudamos. Em questão de horas, a Noonday tinha angariado cada centavo dos cinco mil dólares da cirurgia de Mama Sham.

A empatia é o que nos leva a agir quando temos vontade de ficar paradas. E a empatia só acontece quando derrubamos nossos muros e convidamos alguém para entrar em nosso círculo recém-expandido.

***

Comecei a ter consciência das graves injustiças que existem em nosso mundo quando era adolescente, e foi impressionante como minha juventude se fez presente. Frequentemente eu incorria no erro de falar o que não devia, de me precipitar na minha tentativa de ser amorosa. Dava pirulitos e livros americanos para crianças que não liam inglês, por exemplo. Disse a uma menininha que conheci no Quênia, que a patrocinaria para sempre, mas logo perdi o contato. Subi em um palanque, apontando o dedo para que minhas colegas se preocupassem com os pobres quando eles estavam apenas tentando passar nos testes para *cheerleaders*.

Em minha defesa, eu tinha duas experiências globais em meu currículo e, embora meus esforços para tentar ajudar fossem imperfeitos e mal informados, era melhor fazer alguma coisa do que nada eu imaginei que fosse... Sem dúvida, com o tempo, fui melhorando nisso. Então fui, fui, fui.

No verão seguinte ao meu primeiro ano na faculdade, fiz um estágio com a Church of the Savior, em Washington, capital, na Samaritan Inns, casa que atende mulheres vindas de vinte e oito dias de centros de desintoxicação. Olhando para trás, quero pegar nas mãos o rosto jovem e delicado da minha versão adolescente e apertá-lo de leve, com carinho, por causa de algumas das reações que tive com as mulheres com quem eu vivia. Minha função, como estagiária, era abastecer a despensa com itens do banco de alimentos; abrir a porta trancada para as mulheres, conforme elas iam e vinham de entrevistas de emprego; e comparecer aos encontros dos Narcóticos Anônimos com elas. Um dia, durante uma reunião com todas as residentes, discutimos algumas tensões que fermentavam na casa. Depois de perguntar a uma moradora, Wanda, o que a incomodava, ela apontou para mim e disse: "Vou te *dizer* qual é o meu problema. Meu problema é *ela*. Não sou projeto de verão de *ninguém*".

Paralisei. Vi a cena como se ela estivesse transcorrendo em uma tela de cinema – jovem, sabe-tudo, com o privilégio de ser branca, cuidando das minhas obrigações diárias com alegria de sobra, ali sentada, em um círculo rodeado por mulheres que tinham mais garra em seu dedo mindinho do que aquela menina no corpo todo. Naquela época, eu teria poupado todas de um tanto de sofrimento se já tivesse aprendido a valorizar a escuta e a fazer suposições generosas. Em um momento que necessitava minha atenção na escuta, exagerei na defesa: "Ninguém é meu projeto de verão, exceto, talvez, *Jesus*. Não posso deixar de sentir que estou sendo acusada de alguma coisa aqui".

Talvez um "Explique isso melhor, Wanda" tivesse sido um caminho mais produtivo a ser seguido.

Mais tarde, naquela semana, me desculpei com Wanda por não escutá-la, nem estar aberta para seu ponto de vista. Generosamente, ela aceitou meu pedido de desculpas, explicando que tinha sido difícil para ela estar junto de uma menina da minha idade, aparentemente equilibrada, porque, quando ela tinha a minha idade, morava na rua. Ela me convidou para visitá-la na semana seguinte, no trabalho, onde servia almoço na Whole Foods. Ao me entregar meu pedido, naquele dia, lhe agradeci por me dar uma segunda chance de ser sua amiga.

A lição que levei daquele período com Wanda é que as pessoas são feitas para serem amadas, não consertadas. Pessoas não são problemas a serem resolvidos. Bem melhor é acabar com o *nós versus eles* e ver todas as pessoas como parte de nós mesmos. Não sentimos pena das pessoas, nós nos vemos nas pessoas. E o resultado é que ampliamos nossos círculos de compaixão não apenas para nos incluirmos ou incluir pessoas parecidas conosco, mas *todas as pessoas*.

Todos nós trazemos a imagem de um Deus perfeito e, sendo assim, todos nós merecemos uma vida que seja um reflexo da dignidade que carrregamos.

***

Minha primeira grande mudança, depois da faculdade, foi para a América Latina, com a organização Food for the Hungry. Antes de sair em campo, meus quarenta novos companheiros e eu passamos por um treinamento intensivo, conduzido por Steve Corbett. Steve prosseguiria trabalhando para o Chalmers Center for Economic Development e depois escreveria o livro *When Helping Hurts* sobre as consequências involuntárias associadas à ajuda ocidental.

Mas, na época, Steve era apenas nosso guia em um acampamento rigoroso de um mês, no Arizona, focado em iniciar nosso grupo no mundo do desenvolvimento comunitário e da vivência intercultural.

Muito do que aprendi nessa fase colocou minhas experiências anteriores em um contexto que se desenvolveu em uma espécie de visão do mundo. Steve explicou que, em geral, quando os privilegiados tentam ajudar os pobres, fazemos isso com a perspectiva de querer torná-los mais parecidos conosco – em uma frase: *materialmente ricos*. Resumimos a pobreza em uma problemática, reduzindo-a à simples falta de recursos físicos. Mas fazer doações bem-intencionadas pode levar a um círculo vicioso, aumentando o orgulho do doador e a dependência do receptor, sem nunca atingir as origens da pobreza.

Steve pintou um quadro mais amplo do ativista Jesus, aquele Jesus que encontraria em minha juventude, em bancos de alimentos e centros de tratamento. Explicou que Deus é um Deus relacional, e como os seres humanos são criados à Sua imagem, também estamos interligados de uma forma relacional, interligados para uma relação com Deus, com nós mesmos, com os outros e com o restante da criação. O fornecimento de bens materiais, mesmo importante, não é a única solução para a pobreza. Ajudar os pobres não é torná-los mais como nós, é ajudá-los a viver suas individualidades autênticas como portadores da imagem de Deus. É criar um espaço para os humanos expressarem sua humanidade.

Tratava-se de uma maneira perfeita de colocar em contexto o que eu tinha vivenciado na capital do Quênia e em meu próprio quintal: Que o ser humano, não importa onde viva, precisa se sentir humano. Humanidade é uma mãe cantar para você no seu oitavo aniversário, sem precisar se preocupar se você terá o que comer naquele dia. Humanidade é receber um pagamento adequado depois de terminar um trabalho. Humanidade é poder contar com a polícia para proteção. É poder dormir sob o mesmo teto que o seu filho.

Mas a verdade é que milhões de pessoas ao redor do mundo não vivenciam uma humanidade básica.

Vivência sub-humana é quando o pobre tem pouca influência para se defender contra a injustiça, o que significa que o poderoso pode cometer atos de violência contra ele e sair impune.

Vivência sub-humana é quando pessoas portadoras de HIV são vistas como párias em suas comunidades, apesar da condição ser tão tratável quanto a diabetes tipo 2. Ao longo das minhas viagens a Etiópia, conheci muitas mulheres cuja condição de HIV positivo fazia com que fossem rejeitadas por suas famílias, tornando-as ainda mais vulneráveis à exploração e ao abuso. Sem a rede de proteção de uma comunidade solidária, a doença *passa a ser* uma sentença de morte.

Vivência sub-humana é discriminação de gênero, umas das normas culturais mais desastrosas que ainda existe. Uma das parceiras da Noonday, na Índia, uma mulher chamada Moon, me contou que seu nascimento foi saudado com lágrimas de tristeza e decepção "por eu ter nascido menina, e não menino. Minha mãe, minha avó e os outros membros da minha família me receberam como um fardo... Percepção que não pude deixar de acreditar que fosse verdadeira".

Moon enfrentou discriminação todos os dias da sua vida e, no entanto, conseguiu terminar seus estudos, começando a trabalhar como líder em nosso projeto artesanal e traçando um novo rumo para sua vida. Mas aqueles dias do começo deixaram uma marca verdadeira nela. "Eu ainda luto", Moon me contou, recentemente. "Todos os dias, eu luto."

Se nosso objetivo for elevar a dignidade do valor humano, então nosso enfoque de trabalho deve sustentar esse objetivo.

Depois do treinamento com a Food for the Hungry, fui para uma das regiões mais bonitas e remotas dos Andes bolivianos e experimentei a vida rural pela primeira vez. Enquanto vivia nessas pequenas comunidades quéchuas, comecei a notar um denominador comum entre os que estavam a salvo das garras da pobreza: Todos eles tinham um espírito de *empreendedorismo*, o que o professor da Harvard Business School, Howard Stevenson, define como "a busca de oportunidades além dos recursos controlados"[18]. O empreendedorismo é aquela tendência de fazer algo do nada, aquela propensão insubmersível a não apenas enxergar o potencial, mas *agir* sobre o potencial identificado. Caso em questão: Sinforesa, que tecia durante o dia e vendia bolachas e Coca-Cola na frente da sua casa, à noite. Nós engolíamos aquelas Coca-Colas quentes goela abaixo, sem gelo, mas, juro, não tinha importância. Aquele gosto familiar operava maravilhas em nossos corações saudosos de casa e passamos a apoiar a empreitada de Sinforesa – uma situação vantajosa para os dois lados, na minha visão e na dos meus amigos.

Por contraste, também presenciei, em primeira mão, algumas das consequências involuntárias da ajuda ocidental bem-intencionada. Enquanto caminhava pelos majestosos Andes, ocasionalmente dava com uma estrutura de terra crua cheia de batatas recém-colhidas, fruto da avaliação de uma ONG bem-intencionada, que gerou a construção de grande número dessas latrinas. O problema foi que a ONG nunca consultou um único membro da comunidade sobre essa suposta necessidade deles, e ninguém na aldeia estava *preocupado em ter latrinas*. Assim sendo, os moradores aceitaram as latrinas que eles nem queriam, nem planejavam usar, e rapidamente as converteram em depósitos – caros para isso.

Comecei a pensar no meu passado bem-intencionado com Wanda, os sem-teto com quem eu tinha trabalhado nos tempos da faculdade e tantos outros. Alguma vez eu tinha parado para ver a vida pelos olhos deles? Ou, na minha pressa para fazer o bem, eu tinha simplesmente projetado minhas próprias soluções neles? Talvez Wanda estivesse certa. *Projetar* pessoas era *exatamente* o que eu havia feito.

Acabei me mudando para a Guatemala, para ficar perto de Joe, e a mudança proporcionou uma oportunidade perfeita para adquirir uma nova perspectiva sobre o valor e a importância do trabalho.

Na Guatemala, tentei ser mais curiosa, escutar mais, notar a *necessidade* sob um novo ponto de vista.

Na Guatemala, conforme fui conhecendo as famílias da nossa comunidade e as famílias das crianças que eram meus alunos, percebi o valor do empreendedorismo. Não se tratava apenas de que o fato de oferecer às pessoas uma oportunidade de trabalho fosse uma maneira de tirá-las da pobreza. Na minha visão cada vez mais esclarecida, aquela era a *melhor* maneira de ajudá-las, ao mesmo tempo em que respeitava suas habilidades intrínsecas e sua dignidade. Certo, embora não houvesse nada inerentemente errado na orgulhosa propensão dos ocidentais em recusar pequenos luxos e mandar dinheiro para o Quênia (eu não tinha feito exatamente isso, no início?), havia meios mais eficientes de assegurar a subsistência. Do mesmo modo que dar um peixe a uma mulher a ajuda apenas por aquele dia, os poucos dólares que eu tinha mandado não poderiam durar muito mais. Uma estratégia melhor teria sido encontrar uma maneira de ensinar aquela mulher a pescar, solução que poderia ajudá-la não por um dia, mas pela vida toda. Melhor ainda? Ajudar aquela mulher a abrir uma peixaria, solução que poderia influenciar de maneira positiva não apenas sua própria vida, mas a vida dos seus filhos e dos filhos deles, nas gerações seguintes.

A primeira vez em que ouvi sobre a possibilidade de um negócio fomentar uma mudança social de verdade foi durante uma fala de convidados na Universidade do Texas. Ben Cohen e Jeey Greenfield, fundadores da marca de sorvete Ben & Jerry, estavam no *campus*, e um amigo me convidou para ouvi-los falar. Embora eu tenha certeza de que a dupla falou brilhantemente e com eloquência sobre como inovou suas ofertas dos sabores Chubby Hubby e Cherry Garcia, meu maior ganho ao ouvir a palestra foi um comentário que fizeram: "As instituições educacionais e beneficentes não são a autoridade mais poderosa da sociedade moderna. Essa autoridade é o *negócio*. Ele é a *maior autoridade para o bem* no mundo"[19].

Mais tarde, soube que a Ben & Jerry foi uma das primeiras companhias da história a dar a mesma importância para seus produtos de base e para seus propósitos econômicos sua missão social. Eles acabaram ajudando a unificar e começar uma corporação sem fins lucrativos (B Corp) e se tornaram uma das primeiras empresas a ganhar o certificado B Corp. A ressonância que senti com o conceito talvez tenha sido uma espécie de prenúncio; atualmente, a Noonday Collection é uma Certificada B Corp, que usa o negócio como uma força para o bem.

***

Durante o tempo em que vivi no exterior, concluí que a motivação para o meu trabalho seria empoderar outras pessoas a vivenciar sua humanidade e dignidade por completo. Penso na queniana, arrumando com entusiasmo as frutas para vender em sua barraca, e em Wanda, servindo, com orgulho, os fregueses, em seu avental que ostentava o nome Whole Foods, e vejo uma linda imagem de como o trabalho confirma a dignidade intrínseca ao nosso próprio valor humano. E não importa aonde eu vá no mundo, constato esta verdade universal: *As pessoas sonham com bons trabalhos.* De fato, a pesquisa mundial da Gallup "em 160 países descobriu que, nos últimos cem anos, o grande sonho global mudou de desejo de paz, liberdade e família para, simplesmente, querer um bom trabalho"[20]. O que o mundo mais deseja? Trabalho digno.

Ao longo dos anos, as pessoas têm me pedido para comentar em que sentido a Noonday se diferencia das outras companhias de venda direta, dos outros empreendedorismos sociais e dos outros negócios ligados à moda, e minha resposta até hoje me revigora: Sempre acreditamos em prosperidade associada, o que significa, simplesmente, que todas as partes interessadas, ligadas ao nosso negócio, deveriam prosperar como nós prosperamos. Dos artesãos, com quem temos parceria, que me entregam cada peça que vendemos, às embaixadoras que promovem os produtos, aos funcionários em nossa sede em Austin, que mantêm tudo funcionando bem, somos uma rede interdependente de envolvidos, em que cada um tem algo a oferecer. Estamos interligados. Somos aliados. A soma do nosso trabalho é maior do que cada parte; juntos, crescemos ou caímos.

Enfatizando a interconectividade, então, medimos nosso resultado levando em consideração as oportunidades significativas criadas para artesãos e embaixadoras ao redor do mundo, em vez de medi-lo apenas em dólares e centavos. Então, embora sejamos, sim, uma marca de moda de impacto social e venda direta, somos, antes de tudo, uma máquina de oportunidades. Acreditamos que, para obter o maior impacto e empoderar pessoas no mais alto grau, precisamos convidar aqueles que vivem em condições precárias a vivenciar não o prazer fugaz de uma doação, mas a dignidade sustentável do *trabalho*.

Como Ben e Jerry, estou convencida de que quando o negócio é bem realizado, ele respeita a dignidade humana inata em cada pessoa envolvida no empreendimento. Enquanto muito do desenvolvimento tenha girado, historicamente, em torno da prestação de ajuda, o enfoque da Noonday é direcionar os talentos e habilidades de pessoas que vivem em comunidades vulneráveis e ajudá-las a sair da pobreza, ao mesmo tempo em que cria oportunidades para empreendedoras aqui, nos Estados Unidos. O empreendedorismo social é o reconhecimento de que cada pessoa, pobre ou rica, estudada ou não, privilegiada ou desprovida de direitos, tem algo de valioso a oferecer e algo para colocar na mesa.

Ao contrário da percepção popular, o empreendedorismo não se limita a financiamento de capital de risco, planilhas, MBAs e a busca da participação de uma empresária tradicional; empreendedorismo é pegar os recursos que a pessoa tem, independentemente do quão limitados eles possam ser, e transformá-los em algo novo, algo maior do que a soma das suas partes.

***

Quando penso nessas duas ações de mudança do mundo – ampliação do seu círculo e encaminhamento do negócio para a criação de mudança – uma mulher me vem à mente. Rosário é uma pequena guatemalteca, com covinhas de arrasar e um coração gentil, que lidera o negócio de artesanato que produz alguns dos admirados acessórios de miçangas feitos à mão da Noonday. É sempre uma alegria visitá-la em sua aldeia próxima ao lago Atitlán, nas altas terras guatemaltecas. Em uma viagem recente, nos encontramos na casa de uma de suas funcionárias, uma mulher chamada Alicia. Com nós três acomodadas em sua cama, Alicia começou a me contar como Rosário havia impactado sua vida.

"Cinco anos atrás", ela me disse, "eu não tinha nada do que você vê agora. Minha vida era muito difícil". Ela seguiu explicando que, como sua mãe, diabética, precisava de ajuda para os custos dos medicamentos essenciais para sua vida, Alicia se viu forçada a largar a escola, quando adolescente e arrumar trabalho. Mas era muito difícil encontrar emprego, e a família se viu lutando para sobreviver.

Na casa ao lado, Rosário e sua família também viviam um período de dificuldades econômicas. Seu pai tinha um negócio próprio de artesanato, mas as encomendas tinham diminuído, chegando quase a cessar. Mesmo assim, quando Rosário e sua família viram o quanto Alicia e os seus estavam lutando, imediatamente se propuseram a ajudar. "Vocês são como uma família para nós", ela disse a Alicia. "Vamos descobrir um jeito de arrumar trabalho pra vocês." Embora fosse mais do que justificável ela se concentrar em seu próprio bem-estar nesse período, Rosário não titubeou em alargar seu círculo para incorporar Alicia e sua família. Comprometeu-se a colaborar, determinada a encontrar uma maneira de mudar a situação da amiga.

A família de Rosário ensinou Alicia a fazer miçangas e a contratou para criar peças artesanais com eles. Para arcar com seu primeiro pagamento, todos eles juntaram dinheiro – Rosário, os irmãos e o pai – para garantir que Alicia pudesse comprar o medicamento de que a mãe necessitava.

Foi mais ou menos nessa época que entrei em contato com Rosário e vi as lindas peças que ela e sua equipe estavam criando. A Noonday começou a fazer encomendas regulares para eles, e logo as coisas começaram a mudar para a família de Rosário e, igualmente, para a família de Alicia. Mas isso não teria acontecido se Rosário não tivesse ampliado seu círculo de compaixão e se dedicado a usar seu negócio para tirar Alicia da pobreza, juntamente com ela.

Hoje, Alicia está casada, e ela e o marido esperam o primeiro filho. Enquanto estávamos sentadas na cama da sua casa, perguntei se eu poderia rezar por ela e pelo bebê. Coloquei a mão na sua barriga de grávida e lágrimas vieram aos meus olhos. Como a mãe daquela criança tem um trabalho digno como criadora de adereços, a criancinha no útero de Alicia não terá que deixar a escola para sustentar a família. Essa criança poderá ir para a escola e florescer. É por *isso* que fazemos o que fazemos.

***

Se formos viver por algo maior do que nós mesmas neste mundo, é essencial que ampliemos nossos círculos para incluir não apenas nós mesmas, não apenas nossos vizinhos, mas pessoas ao redor do mundo. Porém, para alargar esses círculos, temos que conseguir reconhecer as necessidades deste mundo. E, para fazer isto, é preciso sacudir nossa letargia e finalmente acordar para as necessidades à nossa volta. Veja, acordar é o que acontece quando *de fato enxergamos* este mundo e nos apresentamos com uma consciência que antes não tínhamos. Acordamos para as realidades à nossa volta; acordamos para a maneira como as coisas realmente são; acordamos para nosso próprio poder, agora dentro de um contexto; depois de acordar, nunca mais seremos as mesmas.

Que passo *você* precisa dar nesse despertar para a vida além de si mesma? Que medos e tendências de autoproteção te impedem de se conectar profundamente com o sofrimento alheio e de descobrir o incentivo necessário para fazer algo a respeito? Que livro você pode ler (fico feliz que esteja aqui), que pessoa pode convidar em sua vida cujos antecedentes sejam diferentes dos seus, a que encontro comunitário você pode comparecer ou a qual conversa você pode dar início?

O mundo precisa da sua contribuição, ainda que essa contribuição pareça extremamente pequena neste momento. Acredito que cada um de nós tem uma responsabilidade de usar o que nos foi dado – e acredite, você recebeu um montão – para construir um mundo próspero. Quando nos arriscarmos a apagar as linhas que traçamos à nossa volta, que nos deixam confortáveis, e armarmos uma barraca no grande desconhecido, enxergando os outros como uma extensão nossa, perceberemos algo incrível. A solução para os problemas que vemos não são os outros, somos *nós*.

DEZ

POTENCIALIZE SEU PODER

O lugar para onde Deus o chama é o lugar onde a sua profunda alegria e a profunda fome do mundo se encontram.
Frederick Buechner

Se você vem sentindo como se a vida fosse uma brincadeira de estátua, e você está há muito tempo parada na posição, deixe-me tocar você. Você é isso! Como diz a fundadora da International Justice Mission, Gary Haugen, "Deus tem um plano para ajudar a trazer justiça ao mundo – e esse plano somos nós"[21]. Você e eu somos livres para nos erguer, nos manifestar e afetar este mundo em necessidade. Nosso objetivo não é esse? Pense nisto: Por que se incomodar despertando para as realidades da injustiça, a não ser para *agir* nesse estado de vigília... A não ser que nos comprometamos a realmente mudar?

Com o passar dos anos, descobri que, depois que uma mulher começa a se livrar das camadas de plástico-bolha que a mantiveram isolada e resguardada e passa a vivenciar a euforia de viver a vida como ela deve ser vivida, o tubo de plástico-bolha volta para a prateleira, ao lado da tesoura e da fita adesiva. Até uma olhada de passagem naquelas minúsculas bolhas plásticas faz com que ela se encolha.

Depois que ela pega gosto, mesmo que seja um gostinho, por essa realidade da "vida além de nós mesmos", não dá para não querer mais. A pergunta, então, passa a ser *O que faço a respeito disso?*

***

Para responder a essa pergunta, vou me abster de dizer a você que siga os meus passos, porque, como você se lembra, provavelmente aquelas reviravoltas a deixariam tonta. Fui para tudo quanto é canto à procura do meu "chamado", provando que esse processo é qualquer coisa, menos uma linha reta, em que um ponto leva previsivelmente ao próximo. E, embora eu não renegue nenhuma das experiências insanas que tive ao longo do caminho pelo simples fato de que cada uma delas me ensinou algo que eu ainda não sabia, gostaria de ter sido capaz de encarar minha própria e única jornada e de ter evitado morder a isca de uma vida do tipo "você *deveria* fazer isto".

Se quiser demonstrar solidariedade para com os pobres, Jessica, eu dizia a mim mesma, *deveria parar de se maquiar, de andar com bolsa de grife e de gastar qualquer quantia que fosse.*

Se quiser fazer uma diferença para valer, Jessica, deveria se formar em Assistência Social.

Se quiser servir os necessitados, Jessica, deveria virar professora. (Escute, embora eu ame meus filhos, não necessariamente amo os seus. Vamos nos limitar a dizer que tem sido melhor deixar meu diploma em Pedagogia sem uso.)

Muitos anos atrás, eu seguia um *blog* escrito por uma menina de dezoito anos, chamada Katie Davis, que se mudou para Uganda e, em seguida, adotou treze meninas quando tinha vinte e três anos. Lembro-me de sentir uma pontada de culpa: *Ela é uma adolescente e já fez tudo isto?* Meu ego inseguro me cutucava. *O que você fez hoje que faça diferença, reciclou sua garrafa de* kombucha?

O fato é que cada um de nós é programado de um jeito, tem habilidades e interesses únicos para exercer em prol de tornar este mundo um lugar melhor. Colar a jornada de alguém sobre a minha e presumir que meu caminho deveria ser igual ao dela é uma estratégia infeliz para a descoberta da vida que eu, sozinha, fui feita para viver. Essas coisas que fazem nossos corações baterem um pouco mais rápido de excitação não são ao acaso; são distintamente – talvez até *divinamente* – colocadas.

Por mais que nossos dons possam parecer diferentes, a verdade é que cada um de nós tem algo de único para apresentar. Um exemplo disso em minha vida pessoal veio sob a forma de uma resiliente adolescente ruandesa chamada Rachel. Ela entrou na minha vida depois que recebi um SMS da minha amiga Natalie, que trabalha para uma organização ruandesa chamada Africa New Life. Entre outras coisas, essa organização providencia avaliação médica e tratamento para os casos mais extremos em Ruanda. Natalie estava me contatando por que Rachel precisava de ajuda.

Especificamente, ela precisava de uma família em Austin, que a acolhesse e cuidasse dela antes e depois da séria cirurgia cerebral que precisava fazer. Natalie me perguntou se eu conhecia alguém que pudesse estar interessado. Seriam apenas seis meses, talvez um ano.

Quando eu soube da situação de Rachel, pensei em Dee, uma das minhas amigas mais próximas, enfermeira, que morava próximo ao hospital onde Rachel seria operada. Ora, Dee era uma mãe ocupada, com três filhos, vivendo com o marido em uma aconchegante casa central, sem quarto de hóspedes e com poucos recursos a oferecer. Mas isso não a impediu, nem a Tim, de dizer um caloroso sim, aceitando uma menina que nunca tinham visto.

Dee e Tim acabaram cuidando de Rachel por mais de um ano e meio, tempo em que Dee cuidou dela como enfermeira particular, mãe adotiva e amiga. Durante a séria e bem-sucedida cirurgia de Rachel, Dee passou todas as noites no hospital, ao seu lado, exatamente como teria feito com seus próprios filhos. E, depois, quando Rachel não conseguia cuidar de si mesma, nos aspectos mais básicos, Dee dava banho nela, cuidava das suas feridas e tratou que recuperasse uma boa saúde.

Durante esses meses, meu cronograma de viagens pela Noonday fez com que eu ficasse com muito mais frequência fora da cidade, e conforme nossa comunidade em Austin se mobilizou junto à família, fiquei penosamente ciente de que eu não estava contribuindo como nossas outras amigas, que ajudavam a buscar Rachel na escola, ou ensinavam-lhe inglês, entre outras coisas. Observando minha comunidade se prontificar em função das necessidades de Dee, comecei a pensar o que, exatamente, eu tinha a oferecer.

Um dia, dei uma passada na Trader Joe's, para comprar mantimentos para a minha família e me dei conta de que, mesmo que eu não conseguisse ajudar da mesma maneira que minhas amigas, havia *alguma coisa* que eu poderia fazer. Enchi meu carrinho com *cookie butter* e amêndoas cobertas com chocolate, nenhum dos quais Dee e Tim comprariam para sua casa, além de todos os ingredientes para o jantar daquela noite, e deixei as sacolas com as compras na casa deles, a poucos quarteirões da minha. Depois, continuei fazendo isso, semanas a fio.

No final, diversas pessoas com as mais variadas contribuições, capacidades e flexibilidade de tempo ofereceram o que podiam, e, fazendo isso, ergueram toda uma família.

***

É importante refletirmos sobre a história de Dee, porque ela nos lembra que, mesmo que não possamos fazer *todas* as coisas, e mesmo que nossas almas jamais nos perdoem por não fazermos *nada*, existem apenas *certas* coisas que cabem a nós fazer. E assim sendo, antes que você se sobrecarregue com todos os tipos de expectativas paralisantes – "Puxa, agora que conheço meu poder, acho que preciso começar meu próprio negócio de consciência social, adotar treze crianças, substituir minhas roupas de comércio injusto por achados em brechó e vender todos os meus pertences terrenos para encaminhar esses ganhos aos pobres" –, por favor, saiba que não estou lhe pedindo isso. Não estou pedindo que você seja Katie Davis ou qualquer outra pessoa. Só estou pedindo que seja *você*, alerta e vivendo com impacto, exatamente onde você está.

Se o empreendedorismo estiver no seu coração, como sempre esteve para mim, então, você poderá escolher fazer diferença no mundo, embarcando em uma jornada de "capitalismo consciente", termo cunhado por John Mackey, da Whole Foods, para descrever empresas que procuram provocar impacto além de obter lucro. Parte do meu objetivo com a Noonday Collection tem sido reformular percepções de como aliviar a pobreza. Embora a ajuda ao desenvolvimento tenha seu propósito, não podemos, simplesmente, exagerar o potencial do empreendedorismo como meio de transformar comunidades de uma maneira digna e sustentável. O credo do capitalismo consciente afirma que "o movimento comercial é bom, porque cria valor, é ético, porque se baseia em troca voluntária, é nobre, porque pode elevar nossa existência, e é também heroico, porque tira as pessoas da pobreza, criando prosperidade"[22]. Assim sendo, se você se apaixonou por multiplicar seus recursos, criando um trabalho empoderador para outras pessoas e algo que dure, o capitalismo consciente pode ser exatamente o sistema para você.

E não se sinta como se precisasse sair correndo e começar alguma coisa! Pense em como você poderia aplicar essa estrutura no que já está fazendo. Se você for agente imobiliária, isso pode significar usar seu trabalho para ajudar alguém tradicionalmente ignorado no processo de compra de casa. Se for fotógrafa, pode significar fotografar adolescentes que não possam custear fotógrafos veteranos, ou se oferecer para fotografar para a Heart Gallery, que ajuda crianças em fase de adoção, nos Estados Unidos, a encontrar um lar. Se for contadora, pode prestar serviços gratuitamente para uma organização em que você acredite para que ela consiga manter seus registros em ordem. Não importa a carreira ou o caminho de vida que você esteja seguindo, existe uma oportunidade com o seu nome para que você encaminhe seus dons e habilidades e faça diferença na vida de outras pessoas.

Ou você pode optar por algo completamente fora do seu ramo de trabalho, mergulhar em algo que te dê paixão. Quando a redatora interna da Noonday, Jenna, começou a conhecer os percalços do sistema de adoção provisória em nosso país, percebeu que precisava se envolver de algum jeito. Seu apartamento de um quarto não se prestava a uma acolhida provisória, mas não havia avaliações de moradia para se tornar voluntária da CASA (Court Appointed Special Advocates/Advogados Especiais Indicados pela Corte). Este tipo de voluntariado lhe permite falar em nome das crianças que foram abusadas ou negligenciadas, ao mesmo tempo em que faz a ponte entre as várias pessoas envolvidas em um caso do Child Protective Services (Serviço de Proteção à Criança), assegurando que os melhores interesses da criança estejam representados. Em vez de permitir que suas limitações definissem seu envolvimento, Jenna procurou outra maneira de fazer diferença. Incentivo-a a fazer o mesmo.

Ao longo dos anos, me envolvi em inúmeras discussões com outras mulheres, debatendo sobre o que significa viver conscientemente e como aplicar suas paixões, habilidades e recursos singulares para satisfazer as necessidades de outras pessoas, e notei uma tendência interessante. Quase sem exceção, os investimentos de maior impacto que essas mulheres conseguiram fazer foram catalisados, pressionando um dentre cinco aspectos da vida. Além de simplesmente ler um livro, assistir a um documentário, terminar uma corrida de cinco quilômetros ou preencher um cheque, os passos de fé catalisados na vida dessas mulheres, sempre que elas recalibravam uma ou mais dessas cinco coisas, são os que levaram todas a seguir nesse tipo de vida "além de nós mesmas". Deixe-me apresentá-los aqui, antes de nos aprofundarmos juntas. Eles são:

1. *Minha força*
2. *Minha carteira*
3. *Minhas prioridades*
4. *Minha proximidade*
5. *Minha perspectiva*

Se estiver procurando uma rampa de acesso que a leve de um impacto ocasional a um impacto como estilo de vida, então, aposto que a encontrará em algum lugar desta lista. Está pronta para verificar se tenho razão?

1. Minha força:
E se eu usasse minha força para incentivar não apenas a minha própria vida, mas também a vida de outras pessoas?

Hesitei em compartilhar, neste livro, muitas histórias sobre a minha formação, por medo de parecer um produto mal-humorado, impetuoso, coitadinho do privilégio branco. É verdade; eu poderia acrescentar #ProblemasdePrimeiroMundo a uma porção de narrativas na minha vida. Mas, ainda que eu não possa mudar o lugar ou a família, o que aprendi de importante é que ainda posso realizar uma mudança positiva.

Escute, se você nasceu no abastado Oeste norte-americano e tem a pele clara, precisa aceitar que há certa quantidade de privilégios na sua vida, exatamente como eu. Mas, em vez de se sentir culpado por esses privilégios a ponto de se paralisar, descubra como investi-los para o bem. Se os temos, vamos olhá-los de frente, juntá-los e passá-los para frente.

Talvez esta descrição não se encaixe em nada em você. Talvez você tenha enfrentado sua própria cota de preconceito, pobreza ou enfraquecimento. Mas, independentemente de como o mundo tentou silenciá-la em sua vida, estou aqui para dizer que você ainda tem uma voz, e ela é necessária. Não importa o nível de privilégio que as circunstâncias do nosso nascimento nos legaram, está na hora de todos nós acordarmos e assumirmos o quanto somos realmente poderosos.

Em primeiro lugar, existe força na sua mera *presença*. Só o fato de comparecer pode ajudar a salvar o mundo. Anualmente, existe uma celebração, em Austin, em homenagem ao aniversário de Martin Luther King Jr.... *Todo santo ano*. Mas foi só quando comecei a me encontrar com um grupo de mulheres, encabeçado pela minha amiga afro-americana Tasha, para conversar livre e francamente sobre problemas de raça em nossa comunidade, foi que soube que eu poderia comparecer. Pensava que, por ser branca, não tinha nada que estar marchando nesse evento. Ainda me via como parte do problema, mesmo tendo um filho negro; eu me anulei como parte da solução. No dia em que Tasha me convidou a participar, foi o dia em que recebi a permissão que buscava. E conforme marchamos naquele dia, crianças a tiracolo, percebi a profunda importância da minha presença. E, caso isto seja uma novidade para você, sua presença também faz diferença. Se estiver esperando uma permissão oficial, considere isto sua deixa para comparecer e *marchar*.

Existe força, também, na sua *voz*. Penso na época em que Jalia foi até a polícia local de Kampala, falar em nome da amiga Nakato, que estava sendo abusada. Jalia usou sua voz para empoderar outra, e o resultado foi a vida de uma amiga salva. Mais perto de casa, depois das recentes e horrorosas manifestações raciais em Charlottesville, Virgínia, uma embaixadora da Noonday comentou comigo que, se não fosse por suas outras amigas embaixadoras, que usaram suas vozes para se posicionar, seu *feed* de notícias no Facebook teria se mostrado igual ao de qualquer outra semana, em plena época de ocorrência das manifestações, sem qualquer menção a elas. Mas como nossa comunidade tem o compromisso de levar a vida atenta e usar nossa voz para o bem, ela se viu cercada por chamados à ação e mensagens de esperança.

Também existe uma coisinha chamada *poder de compra*. O modelo impactante da Noonday é criado nesse poder de compras; cada peça de adereço vendida cria e ajuda a manter trabalhos em comunidades vulneráveis. Pessoalmente, amo este modelo porque ele subjuga meus modos de consumir. Adoro comprar. Adoro comprar roupas novas. E embora nem sempre eu compre num comércio justo, acredito piamente em indicar, com nossos dólares, a preferência pela maneira de vida que sabemos ser a melhor. Enquanto a Noonday prioriza uma visão a longo prazo de etiquetas a baixo custo e *fast fashion*, trato de me juntar a outros ao colocar a humanidade de volta na indústria.

Além disso, depois de receber pedidos de parceiros na produção artesanal por doações, empréstimos de emergência para tratamento de saúde e outras necessidades ainda presentes na vida dos artesãos, mesmo com salários justos, tivemos que responder a nossos parceiros e amigos. Assim, em 2015, lançamos nosso programa corporativo de apoio à comunidade, o Flourishing World Initiative. Os clientes da Noonday usam seu poder de compra para criar trabalho digno e custear adoções; só isso já muda a trajetória de vidas. Mas quando surgem emergências e necessidades imprevisíveis, nosso Flourishing World Initiave tem ajudado a financiar coisas como a reconstrução de casas de familiares dos artesãos no Haiti depois do furacão Matthew; a renovação de telhado e fiação elétrica de uma oficina no Equador, para assegurar condições de trabalho seguras para seus empregados; e a compra de centenas de filtros de água para funcionários artesãos em Uganda.

A coisa vai longe. Nossa força ativando a força deles... A força deles mudando o mundo.

Ao analisar sua vida, você vê um poder fluindo através de você para os outros? Ou o vê iluminando a sua vida e a vida da sua família e, em seguida, parando subitamente ali? Se faz um tempo desde que você, intencionalmente, canalizou sua energia, seu entusiasmo, suas habilidades, seus talentos e outros recursos para alguém em necessidade, desafio-a a mudar de direção e incentivar outra pessoa hoje.

2. Minha carteira:
E seu eu me tornar obcecada por generosidade?

Conheço diretamente o poder da generosidade, porque, durante toda a minha vida, tenho estado do lado de quem recebe. Meu primeiro trabalho fora da faculdade foi com a Food for the Hungry, função que me obrigava a aumentar meu próprio salário. Durante dois anos, vivi do salário de outras pessoas. Meu pai, um empresário esforçado durante grande parte da sua vida pregressa, sempre foi uma pessoa que dizia sim a qualquer pedido que surgisse para ajudar os outros. De maneira semelhante, minha mãe nunca se esquivou de ajudar alguém em necessidade.

Por definição, a generosidade é a propensão para considerar as necessidades alheias como mais importantes do que as próprias e, como tal, é uma virtude da abundância. Não apenas tenho sido beneficiária da generosidade ao longo do caminho, como, sinceramente, a Noonday não existiria se não fosse pela generosidade de outras pessoas ao longo dos anos. Alguns dos meus primeiros pedidos a Deus se centravam em descobrir um advogado que pudesse me ajudar a esboçar um contrato de embaixadora, para nossa força de vendas em constante expansão. Sabendo que eu não poderia avançar sem uma documentação vinculativa legítima e legal, contatei alguns amigos em círculos ligados à advocacia e perguntei se conheciam alguém que estivesse disposto a ajudar.

Logo depois de mandar esse recado, minha amiga Melissa respondeu: "Jessica, este é o tipo de lei na qual meu marido atua". Uma hora depois, eu estava ao telefone com Michael, um advogado extraordinário, baseado em Austin, que concordou em me ajudar nisso, *pro bono.*

Vários anos depois, Michael e Melissa convidaram Joe e a mim para um evento de um dia a outro, a ser realizado em Austin, onde nós e mais oito casais falaríamos sobre como levar uma vida mais generosa. Não sabíamos que aquelas 24 horas seriam dedicadas a esse assunto, e nenhum de nós dois conhecia a maioria dos outros casais convidada a participar. Mas, nossa! Fico feliz por termos ido.

Nosso tempo foi gasto trabalhando a partir de um livro recomendado por Michael, publicado por uma organização chamada Generous Giving. Passamos cinco minutos trocando gentilezas, antes de mergulhar em questões pesadas como:

- *De quanto dinheiro preciso? Minha resposta sempre será "mais"? Ou posso estabelecer uma linha de chegada para mim e dar tudo que ultrapassar isso?*

- *Se um estranho visse como uso meu tempo, minha energia e meus recursos, o que ele saberia sobre minhas prioridades?*
- *Quando o dinheiro entra, meu padrão deveria ser doar e não manter... não a exceção, mas a regra? A não ser que haja um motivo premente para manter, eu deveria naturalmente doar?*

Joe e eu saímos dessa experiência de 24 horas percebendo que, por causa da época de dificuldade financeira, em que pagamos nosso supermercado com cartões de crédito, e movimentamos o débito como um jogo de xadrez, nosso enfoque sobre doação tinha se tornado "Quanto damos?" em vez de "Quanto guardamos?". Você percebe a *nuance*? Em vez de calcular a quantia que tínhamos que dar, poderíamos planejar um montante razoável para "guardar" e depois doar o resto. Reconhecer nosso medo e recalibrar nosso ponto de vista em relação a alguém com abundância, e não com escassez, criou essa mudança em nossa doação e na maneira de viver. Como acreditamos que tudo que possuímos pertence a Deus, Joe e eu queríamos que Deus estivesse na função de CEO / proprietário / condutor e não de conselheiro financeiro em se tratando das nossas coisas, da nossa conta bancária, das nossas férias, nossa casa, nosso tudo. Assim sendo, começamos a fazer mudanças nesse sentido.

Durante os anos de viagens internacionais, acabei esperando certas perguntas no exterior que jamais seriam feitas em casa. Perguntas como "Quanto você pesa?", "Quanto você ganha?" ou "Em quem você votou na última eleição no seu país?". Vou dizer a você, na primeira vez em que escutei essas coisas, surtei. *Essas pessoas não têm noção de etiqueta?*, pensei. *Aqui, nada é proibido?*

De fato, pode ser difícil dizer a verdade, mas devo confessar que, depois que Joe e eu confiamos a esses outros oito casais nossa verdade em relação ao delicado tema de finanças, fomos jogados para fora da nossa zona de conforto em um espaço de maior liberdade. Abrir mão do conforto *sempre* nos liberta.

***

Lembra-se da doce Tessa, adotada na Etiópia pela minha amiga Meagan? Durante nossa noite com esses casais, mencionei que o pai de Tessa tinha acabado de perder o emprego e não podia recorrer aos benefícios do auxílio desemprego. Além disso, uma vez que ele e a família tinham se mudado, recentemente, para uma casa acessível a cadeira de rodas, a mudança para outra cidade parecia uma opção impensável. No dia seguinte, recebi mensagens de texto de algumas pessoas do grupo, perguntando se nós todos não poderíamos juntar nossos recursos para cobrir o que teria sido o auxílio desemprego da família por um período de quatro meses.

Fiquei surpresa. O simples fato de dizer a verdade em relação ao dinheiro rendera um volume *absurdo* de generosidade. Minha amiga, quando nos permitimos lembrar que tudo que possuímos é pura dádiva, uma vivência generosa parece bem atraente; na verdade, preferiríamos dar a receber.

3. Minhas prioridades:
E se em minha agenda coubesse meu "porquê"?

Se formos nos empenhar em um caminho de impacto duradouro e significativo, uma coisa é certa: Temos que arrumar tempo. Você não pode se dar se não sobrar nada de você a ser dado e não pode reagir às necessidades que percebe no mundo, e que despertam sua paixão – que eu chamo de o seu "porquê" –, se sua agenda já estiver lotada. Quando penso em abrir um espaço para atender outras pessoas no meu esquema diário, me vem à mente uma das minhas passagens preferidas da Bíblia, a história de Boaz e Rute. Se você não estiver familiarizada com essa passagem do Antigo Testamento, deixe-me contar a versão do *Reader's Digest*: Deus passou uma lei aos israelitas, ordenando que não realizassem colheitas até as exatas margens dos seus campos. Eles deveriam deixar as extremidades, as margens, sem colher, para que as viúvas, os órfãos e os refugiados pudessem vir apanhar o que precisassem. Boaz seguiu essa lei e, por ter feito isso, pôde oferecer uma oportunidade econômica a Rute, uma estrangeira, que perdera o marido.

Esse é o tipo de espaço que quero na minha vida, mas reconheço não ter chegado lá, ainda. Você vai me ver correndo de uma reunião a outra, dizendo sim para tudo que aparece. Sou uma oportunista, em se tratando do meu tempo, o que significa que relegar a margem é um desafio constante para mim. Mas estou determinada a melhorar quanto a "não colher até o limite do meu campo". Quero me libertar de modo a poder dar tempo e energia a outros. Quero criar espaço para atender às necessidades que vejo.

Sempre que volto da visita a um de nossos parceiros artesãos na Guatemala, no Peru, no Haiti, em Uganda, no Vietnã, na Índia, ou em qualquer um dos países onde trabalhamos, sou sempre lembrada de *ir mais devagar* e priorizar o tempo com as pessoas em dia com as obrigações. Não é que as pessoas nesses lugares não desejem, ocasionalmente, mais do que um dia de 24 horas; na verdade, sem lava-louça, trituradores de lixo, água limpa na torneira, máquinas de lavar roupa, micro-ondas e *drive-thrus*, o modo de vida concreto exige muito mais espaço do que acontece no Oeste norte-americano. No entanto, não posso deixar de notar que, nesses lugares, os relacionamentos parecem ter mais importância do que os resultados. O que pede a pergunta: "Ainda que possamos viver em mundos distintos, isso não poderia ser igual na minha vida e na sua?".

Em nossa recente viagem a Uganda, Holden e Jack passaram o fim de semana com Jalia, Daniel e seus filhos, enquanto o restante de nós ia até o rio Nilo. Mantive contato com Jalia pelo WhatsApp, fazendo brincadeiras para lá e para cá, ao longo do dia, mas, então, chegou algo sério. "Ao irmos para o centro de Kampala, vimos um homem desmaiado ao lado da estrada", Jalia escreveu. "Algo me disse para voltar..."

Jalia tinha desconfiado que o homem estivesse mal por causa de drogas, mas, na verdade, ele estava gravemente desidratado.

Tinha passado dois dias no hospital público, onde não lhe deram nem água, nem comida – situação comum para os pacientes hospitalizados sem família na cidade para atender às suas necessidades. E, em Uganda, se as pessoas queridas não lhe trazem alimentos, você não se alimenta durante sua internação. O homem estava tão desidratado que, ao deixar o hospital, desmaiou a apenas um quarteirão de distância. Não conseguiu continuar.

"Jessica, só conseguimos ajudá-lo porque temos trabalho, carro e dinheiro", Jalia me escreveu. "Foi isso que a Noonday fez por nós." Mas o que estava por trás daquela verdade era que Jalia tinha deixado que um transtorno interrompesse sua agenda para viver uma vida onde as pessoas vêm em primeiro lugar. Ora, é *assim* que eu quero viver.

4. Minha proximidade:
E se eu me aproximar mais dos problemas?
O que Jalia demonstrou naquele dia foi uma disposição de se aproximar do sofrimento e da necessidade. Bryan Stevenson, advogado de direitos humanos e autor do livro *Just Mercy* disse isso da melhor maneira, quando nos falou para nos aproximarmos dos problemas de injustiça e desigualdade. "Se você estiver disposto a ficar mais próximo de pessoas que sofrem, descobrirá o poder de mudar o mundo", escreveu Stevenson, observando que não teria chegado a fundar sua incrível organização, a Equal Justice Initiative, se não tivesse aceitado um estágio de verão na faculdade de Direito, o que o levou a ficar frente a frente com prisioneiros no corredor da morte[23]. Seu trabalho naquele período salvou a vida de mais de cem condenados acusados injustamente.

Para Joe e eu, esse desejo de *aproximação* foi o que nos levou a alugar nosso primeiro apartamento e a comprar nossa primeira casa na parte menos privilegiada de Austin. O desejo de *ficar próximo* foi o que nos motivou a matricular nossos filhos na escola pública experimental, que eles frequentam, onde quarenta por cento dos alunos estão em programas de almoço gratuito e a baixo custo. O desejo de *aproximação* é o que nos compele, ainda hoje, a fazer amizade com famílias adotivas, a nos conectar com diversos membros da nossa comunidade, a comprar em uma mercearia que possa não ter meu iogurte orgânico preferido, mas com certeza me permite cruzar com pessoas diferentes de mim. Quando esse limite que conquistamos é bem cuidado, descobrimos inúmeras oportunidades de aproximação. Ainda assim, não sei o que "se aproximar" significará para você. Não estou dizendo que precisa vender sua casa, deslocar sua família e se mudar para uma área mais necessitada da cidade; estou dizendo que até se sentir confortável em, pelo menos, *cogitar essa ideia*, terá que remover um bocado de plástico-bolha. E se a vida que você esperou estiver esperando por você do outro lado da cidade? Você não gostaria de, pelo menos, saber disso?

Comecei a escrever este capítulo enquanto, intencionalmente, me refugiava na casa de uma amiga, em Fort Collins, Colorado. Enquanto dirigia por esta pitoresca cidade de Front Range, reparei em vistas maravilhosas, um estilo de vida serrano e moradores, predominantemente, de classe média a alta. "É difícil as pessoas descobrirem 'necessidade' nesta cidade", me explicou um amigo local. "Quero dizer, aqui, a média de preço das casas é de 380 mil dólares." Fiquei pensando em como poderia incentivar minha leitora a se aproximar, se ela vivesse em uma cidade como esta.

Com esse objetivo em mente, dirigi por ali no dia seguinte. Dessa vez, reparei em uma loja de material de construção Habitat for Humanity ReStore, vi um grupo de pessoas que pareciam desabrigadas, sentadas em frente a uma mercearia com descontos, e passei por um parque de *trailers* ao voltar para casa. Percebi que, não importa onde vivamos, existem convites para nos aproximarmos; basta abrir os olhos.

***

Existem outras maneiras menos óbvias, que também podemos escolher para nos aproximar. Por exemplo, outro jeito pelo qual me aproximo é com o uso de peças feitas pelas pessoas apresentadas neste livro. Quando estou com um colar forjado no fogo de uma aldeia etíope, e mais tarde trabalhado por minha amiga Addis, me aproximo dela e do seu filho, que ela sustenta com a venda dessa peça maravilhosa. Dessa maneira, as anfitriãs da Noonday se aproximam de pessoas como Mama Sham, e de outras que estão saindo da vulnerabilidade trazida pela pobreza, simplesmente por abrir a porta de sua casa e acolher as convidadas do bazar da Noonday em suas salas.

Num ambiente de trabalho, podemos optar pela aproximação empregando pessoas que, tradicionalmente, são consideradas menos requisitadas do que outras. Na Noonday, isto significou contratar vários membros da equipe que estavam em situação de refugiados, muitos dos quais não têm o inglês como língua materna. Sinceramente, eles são alguns dos elementos mais produtivos e consistentes em seus departamentos. Acolheram a mim e a Noonday em sua história de triunfo e perseverança, honra que eu não trocaria por nada.

Quando escolhemos nos aproximar de pessoas diferentes de nós, vemos as necessidades de um modo real e pessoal; desenvolvemos relacionamentos que enriquecem nossas vidas e nos dão a oportunidade de ligação com pessoas que, talvez, nunca encontrássemos, se ficássemos envolvidos em nossos casulos. Se quisermos fazer uma diferença significativa para outras pessoas, é fundamental que *primeiro as conheçamos*. Ficar parada de lado, estendendo nossas garrafas de água e uns trocados, não vai produzir os resultados que buscamos. Para conseguir a transformação que queremos, temos que nos aproximar, nos inclinar, chegar perto.

5. Minha perspectiva:
E se eu apreciar o paradoxo em vez de correr dele?
Antes do meu período com as parteiras, na Bolívia, participei de um retiro em Austin, onde o autor Richard Foster fez uma palestra. Richard é um teólogo e um gênio completo no que diz respeito a como a formação espiritual se dá em uma pessoa. A Bolívia me parecia uma enorme mudança, e, então, antes do final da conferência, atendi a um convite feito por Richard ao grupo, para receber uma prece dele. *Quem, em sã consciência, recusaria uma prece desse sujeito?*, pensei, enquanto me dirigia para a frente da sala.

Chegada a minha vez de ficar em frente a ele, me apresentei, expliquei a mudança que estava fazendo e lhe agradeci por rezar por mim. Ele me olhou nos olhos, colocou as mãos sobre os meus ombros e disse: "Jessica, pense em Madre Teresa. Ela recebeu homenagens perante dignitários um dia, na Casa Branca, e cuidou de doentes e miseráveis no dia seguinte. Minha prece para você é que jamais menospreze os ricos e jamais glorifique os pobres. Que você possa seguir em paz com ambos. Seja a ponte entre eles, Jessica, e caminhe na via espiritual da paz".

Enquanto eu considerava os comentários de Richard – especialmente a parte sobre não menosprezar os ricos –, me lembrei que eu nunca teria ido à Bolívia com a Food for the Hungry, se não fosse por aqueles bailes de debutantes. Naquelas festas, olhei nos olhos de inúmeras pessoas abastadas e, depois de explicar a missão que eu acreditava ser um chamado de Deus, descaradamente pedi que financiassem meu caminho.

Sinceramente, eu também era culpada de glorificar os pobres, a outra metade que me fora alertada por Richard. Tinha recusado maquiagem e bolsas novas durante toda a *high school*, evitando os esforços generosos da minha mãe para comigo. Tinha reduzido as histórias dos que viviam na pobreza para que encaixassem em argumentos compactos, agradáveis e claros: "Eles não têm nenhuma das nossas comodidades modernas, mas são as pessoas mais *felizes* que já conheci!", dizia aos meus amigos. Para piorar as coisas, sobre essa falsa narrativa, produzi a errônea exortação de "viva com menos e seja feliz, *exatamente como eles*". Quanta besteira! A pobreza jamais faz uma pessoa sorrir.

Revendo, posso perceber que o que Richard dizia era para que eu *fosse Jessica*, seja lá o que isso quisesse dizer. Eu não precisava ser Madre Teresa. Não precisava de um hábito e uma vida ao relento. Para caminhar junto àqueles que Deus havia colocado em meu caminho, eu não precisava fugir do *eu* que Deus me fizera ser. Só precisava da força das minhas convicções, que se centravam em justiça para todos.

***

Este paradoxo exposto para mim por Richard Foster seria o primeiro num desfile de contradições. Desde os primeiros dias da Noonday, eu tinha me esforçado para viver na tensão natural que esse tipo de vida apresenta, respeitando, de forma apropriada, os ricos e pobres, me envolvendo plenamente tanto no sofrimento como na alegria do mundo; apreciando o progresso, mas também os retrocessos tão comuns nessa trajetória. Abranger tantas realidades opostas fez com que eu me sentisse como uma *cheerleader* empacada no espacato. Mas, no momento em que deixei de tentar conciliar tudo na vida, aconteceu uma coisa interessante: Comecei a gostar da brincadeira.

Preciso dizer que, conforme você segue essa jornada, os *es* só se intensificam. Uma coisa era eu perceber que podia falar com paixão sobre o drama dos pobres, usando brincos chamativos e cílios postiços; outra, completamente diferente, era me ver segurando as mãos de uma das minhas artesãs ugandesas, enquanto ela me contava sobre a agressão que sofrera e, no dia seguinte, voar para casa para cuidar da maior preocupação da festa de aniversário do meu filho Holden – a saber, como funcionam os jatos na nossa nova piscina?

Paradoxo, alguém se habilita?

Lidei com chamados urgentes de nossa sede relacionados a artesãos que tinham a vida em risco naquele exato momento, mesmo enquanto percorria vendas *online*, colocando uma nova roupa em meu carrinho digital.

Da Etiópia, estive com meus filhos via FaceTime para lhes dar minha versão digital de um aconchego, depois de passar um dia rezando com mulheres que quase perderam os filhos para a pobreza e a prostituição.

Atendi a um telefonema de Jalia, durante um tumulto violento por causa das eleições em Uganda, enquanto caminhava por um luxuoso quarto de hotel boutique, com o qual surpreendi Joe em seu aniversário.

Na esteira desses e de dezenas de outros cenários, me faço a mesma pergunta: "Quão bem reajo aos desafios que meus amigos, que moram a meio mundo de distância, enfrentam, enquanto, aqui, a vida continua seguindo seu curso?".

Tenho de acreditar que enquanto nos permitirmos inquietar com tal pergunta, acabaremos encontrando as respostas que procuramos.

***

Enquanto eu escrevia isso, almocei com uma nova amiga que me relatava sua trajetória na Noonday, e quanto mais ela falava, mais atônita eu ficava, em relação ao quanto sua história se entrosava com as considerações sobre as quais eu e você acabamos de refletir. Suzanne tinha ganhado uma viagem a Austin, por meio de uma campanha recente da Noonday, e sua história prendeu minha atenção desde o primeiro minuto.

Ela e seu marido, David, tinham adotado uma criança vários anos antes, depois de uma espera agonizante que durou anos. "As pessoas nos diziam para desistir de tentar adotar", ela me contou, "que era óbvio que esse não era o desejo de Deus para nós, ao que eu pensei: *Às vezes, as pessoas nem mesmo sabem o que fazer com os obstáculos. Da minha parte, digo, escale-os*". Tive vontade de agarrar Suzanne e lhe dar um beijo no rosto.

Apesar desses derrotistas (e, lembre-se, você sempre encontrará derrotistas ao longo do caminho da coragem imperfeita), Suzanne e seu marido se comprometeram a aumentar a família pela adoção internacional e se puseram a escalar qualquer obstáculo que surgisse. Suzanne não hesitou em colocar seu tempo, sua energia e seu dinheiro em ação. Sabia que se fosse para tornar esse sonho realidade, teria que lançar mão de todo poder que tivesse.

Por fim, a família recebeu uma notícia incrível: Eles tinham sido compatíveis com uma menina na África do Sul, que esperava por eles para levá-la para casa. Essa era a notícia que eles vinham esperando há muito tempo e, no entanto, se tivessem parado ao se deparar com o primeiro obstáculo, não estariam olhando para o rosto de sua preciosa filha na fotografia que agora estava à sua frente.

Em resposta à contínua determinação de Suzanne, uma de suas amigas ofereceu um chá de bebê, recepcionando um bazar de adoção da Noonday. Para Suzanne, esse bazar representou o maravilhoso auge da paixão por mudar o mundo, paixão que a tinha levado tão longe e era uma maneira perfeita de celebrar sua filha. Além de tudo, o bazar ajudaria na arrecadação de fundos da família para alguns daqueles custos internos de adoção, que logo teriam que encarar. Suzanne convidou todos os amigos e muitos dos seus vizinhos, a maioria dos quais ela nem conhecia, encomendou uma enorme quantidade de comida africana e ficou encantada com o que aconteceu. Apareceram inúmeros convidados para comprar e ouvir sua história de adoção, que, ao todo, levou cinco anos. O casal acabou com um cheque da Noonday equivalendo, quase exatamente ao custo de uma passagem de avião da África do Sul para a viagem da filha. O quê?

Foram tantos os medos que Suzanne teve que enfrentar em sua trajetória de adoção, que eles poderiam facilmente tê-la feito parar. Será que um dia traria sua filha para casa? Será que a lenta burocracia do sistema de adoção internacional a manteria no limbo eternamente? Seria a longa, longa espera, sinal de que a adoção não estava em seu destino, como alguns lhe haviam sugerido? Mas, em vez de se deixar afastar por esses e tantos outros medos, ela simplesmente deu de ombros e foi em frente.

"Existem pessoas por todo este nosso abençoado planeta", Suzanne me disse, "que enfrentam medos muito maiores que os meus. Eles temem por suas vidas, pela vida dos filhos, temem doença e abuso. No entanto, o que fazem todo santo dia? Levantam-se e vão em frente".

O que Suzanne fez, e o que todos nós podemos fazer, é se igualar ao medo, pouco a pouco.

ONZE

PARE DE TENTAR

*Alguém está sentado à sombra hoje, porque alguém
plantou uma árvore muito tempo atrás.*
Warren Buffet

Quando Amelie estava com seis dias, a enfermeira responsável por orientar a amamentação telefonou para saber como iam as coisas. "Desejo o tempo todo poder colocá-la de novo dentro de mim", eu disse, ao que ela respondeu: "Dê o bebê para sua mãe e vá pra cama".

A mulher tinha razão; depois de cinco horas de sono, me senti melhor, ainda que o papel de mãe ainda fosse motivo de grande preocupação. O que me deixava em pânico era a impossibilidade de escapar daquilo tudo, a *permanência* da coisa. Para alguém que floresce com mudança, isso levaria algum tempo para ser aceito.

Desenvolver um negócio tem exigido um custo semelhante. Nos dias mais difíceis, quando fico tentada a desistir, me lembro que estou comprometida em longo prazo. Minha opção pela coragem me encurralou e, sinceramente, tem sido muito bom ser colocada no meu lugar.

Similarmente, para levar uma vida de impacto sustentável, é preciso ter uma visão em longo prazo e pensar em termos mais permanentes. Isso significa valorizar um comprometimento com um esforço em longo prazo sobre resultados em curto prazo e pausar, quando necessário, para cuidar de si mesma e não ficar esgotada antes de ter a chance de ver seu objetivo realizado.

***

Quando Jalia e eu começamos nossa parceria, não havia nada que garantisse, para nenhuma de nós, que sairíamos do outro lado felizes e inteiras. De fato, quem poderia dizer o que iria acontecer? Não, *nós*, com certeza. Penso com frequência nesse começo, em como, num prazo de oito meses, o negócio tinha força suficiente para Jalia contratar sete artesãos. Penso nos cem artesãos que trabalham para ela hoje, bem como nos quatrocentos enroladores de contas, da comunidade em geral, treinados por ela e Daniel, por meio dos líderes, na organização que eles mesmos formaram, e só chacoalho a cabeça, admirada. Uau! *Veja como fomos longe.*

Ao longo daqueles primeiros anos, Jalia muitas vezes tinha que se lembrar de que esse não era um acordo de curto prazo. Quando se vive na pobreza, ela me disse, se a pessoa tiver o que comer no almoço, a tendência será dizer "Bom, não haverá comida para o jantar", e essa mesma mentalidade de escassez, baseada no medo, naturalmente, se traduzia em nosso acordo de negócio. Mesmo depois de termos posto nosso conceito à prova, ela ficava compreensivelmente, nervosa de que logo tudo terminaria.

Conforme Jalia e Daniel começaram a expandir seu negócio em parceria com a Noonday, ficaram determinados a fazer da sua oficina um lugar onde as famílias não fossem apenas apoiadas em seu estado atual, mas sim fortalecidas, melhoradas, refinadas. A maioria das mulheres de sua comunidade era mãe solteira, que tinham que fazer uma difícil escolha diária: Deixariam seus filhos pequenos em casa, sozinhos, vulneráveis e desprotegidos enquanto trabalhavam ou se privariam daquela renda necessária para poder ficar em casa?

Havia muito tempo que Jalia e Daniel sonhavam em abrir uma creche para seus funcionários, e, na primavera de 2015, esse sonho se tornou realidade. "Meus sonhos não são os mais de não deixar nossos filhos órfãos", Jalia me lembra. "Porque esse sonho se tornou realidade. Agora estou sonhando alto. Quero construir meu negócio para que ele dure décadas. Quero mudar a cultura do meu país, para que as mulheres sejam respeitadas e festejadas. E quero proporcionar bons trabalhos para todos em Uganda!"

Eu poderia prosseguir aqui, não apenas a respeito da mudança na vida de Jalia, mas a respeito da transformação que *todos* nós vivenciamos. Mas nada nesse progresso transcorreu do dia para a noite; grandes ganhos são feitos durante longos períodos de tempo.

Ao longo dessas linhas, frequentemente digo às pessoas que *deixem de tentar*, conselho que parece paradoxal, mas que juro ser mais lógico do que parece. "Não quero que você *tente*", digo, "quero que você *se comprometa*".

Experiências básicas de vida nos asseguram de que isso é verdade. Quantas vezes eu disse a mim mesma: *Esta noite, vou tentar ir para cama numa hora decente*, só para me flagrar, à meia-noite, ainda me fartando de *This Is Us*, como se fosse meu verdadeiro trabalho? A escolha da linguagem faz diferença e revela a intenção por detrás das nossas palavras. Por exemplo, quando você tem um filho, você não diz: "Vou tentar estar lá pelo meu filho". Não, você está *completamente decidida*, desde o primeiro minuto. Você não se permite uma escapatória; você se compromete.

Ora, não estou dizendo que seu objetivo de levar uma vida de impacto seja a mesma coisa que dar à luz uma criança, mas é uma boa comparação a nosso dispor. Se você for, de fato, partir para esse tipo de vida, plena de impacto e na qual se vai adiante mesmo com medo, é preciso se comprometer com a longa jornada. Digo isso o tempo todo à minha equipe da Noonday; o investimento em longo prazo nunca apresenta resultado num prazo muito curto. E, a não ser que todos adotemos uma visão em longo prazo para essa parceria da qual fazemos parte, nos debateremos tentando isso e aquilo, nunca perseverando além do que podemos ver a olho nu. Os riscos que atravessam gerações, empesteando comunidades vulneráveis, tanto em nosso país, como no exterior, não serão resolvidos num estalar de dedos. Esse trabalho que estamos fazendo leva tempo e *nuance*; exige paciência, persistência e garra. Assim sendo, meu desafio a você, a mim mesma e a qualquer uma que diga sonhar com essa vida plena de impacto é este: *Persevere, colega batalhadora*. Independentemente do que aconteça, persevere.

- *Quando o dinheiro está amarrado em um estoque encalhado, o que eu digo a mim mesma? Persevere.*
- *Quando a empresa não chega nem perto de atingir a meta de venda? Menina, você tem que perseverar.*
- *Quando o site dá pau numa Black Friday? Isso é difícil, mas persevere.*
- *Quando um diretor de treinamento contratado recentemente pede demissão um mês antes do nosso maior evento do ano? Simplesmente persevere.*

Quando temos um compromisso de seguir em frente, nossos olhos param de olhar para a saída de emergência caso as coisas não deem certo; em vez disso, mergulhamos de cabeça nessa coisa arriscada e maravilhosa e dizemos: "Acredito tanto nisso que, quando as coisas ficarem difíceis, vou até o fim em vez de ameaçar cair fora". O comprometimento possibilita que a coragem nos encurrale, fazendo com que o conforto apático seja uma opção quase impossível. O resultado disso é que simplesmente pilotamos o avião pela turbulência inevitável sobre o oceano, até o grande horizonte além.

E agora serei a primeira a lhe dizer que nosso trabalho neste mundo mal começou. Assim, no mesmo contexto em que digo para você ter uma visão abrangente aqui, peço que *mantenha o ritmo*. Na verdade, uma grande característica da perseverança é não ficar sem fôlego no último quilômetro.

* * *

Há não muito tempo, uma embaixadora chamada Rebecca me contou que estava "diminuindo o ritmo". Precisava ir com calma em seu negócio da Noonday, ela disse, se esperava continuar ativa não apenas agora, mas nos anos por vir.

Bom, antes de contar como reagi à informação de Rebecca, preciso atualizar você um pouco sobre o que há por trás dessa história.

Logo depois de Rebecca ter se casado, ela e o marido esperavam começar uma família, assim como acontecera com muitos dos seus amigos recentemente casados. Mas as coisas não foram tão simples para eles, e o bebê não veio. Sem saber o que fazer, Rebecca mergulhou de cabeça em sua carreira bem-sucedida de paralegal, e realmente criou um nome. Era vista por todos de sua área como perfeccionista, a mais confiável, a mais capaz, a mais respeitada, a mais por dentro dentre os paralegais.

Oito anos depois de casada, Rebecca e o marido decidiram adotar uma menina ainda bebê. E embora, por algum tempo, ela tivesse ficado ansiosa pela maternidade e estivesse exultante por largar seu trabalho, a transição da força de trabalho para a frente doméstica se revelou ridiculamente desafiadora, principalmente por não ter ninguém ali dizendo o quanto ela era capaz como mãe, o quanto era respeitada, ou como estava por dentro. Seus dias eram preenchidos com fraldas sujas, arrotos e aquela infalível inquietação entorpecida que acompanha uma quantidade infindável de noites de muito pouco sono.

"Entrei na Noonday para incentivar aquele meu lado batalhador", Rebecca disse naquela decisão inicial, "mas como eu ainda estava atrelando meu valor ao fato de ser considerada forte, bem-sucedida e capaz, me esforcei demais e deixei outras coisas escorregarem".

Em seus três primeiros anos como embaixadora, o número de vendas de Rebecca confirmou seu compromisso inabalável com a Noonday, mas, no quarto ano, a vida ficou totalmente fora do controle. "Eu não sabia exatamente o que estava errado", ela admitiu, "mesmo sabendo que alguma coisa precisava mudar".

Rebecca levou um ano inteiro para resolver que tipo de vida queria, para depois fazer as mudanças necessárias para ir de onde estava para onde precisava estar. E foram doze meses estressantes para ela, desembaraçando aquela autoestima retorcida e distorcida. Tinha estabelecido um padrão para cuidados pessoais tão absurdamente baixo, e um padrão para o sucesso da Noonday tão estratosférico, que a tentativa de endireitar suas prioridades às avessas era como correr uma maratona plantando bananeira.

No final daquele ano de priorização, Rebecca tinha determinado alguns limites úteis que a ajudariam a alinhar o que ela dizia querer para sua vida. Pela primeira vez na vida, experimentou uma coisinha chamada *equilíbrio*. "Era um equilíbrio a duras penas e, às vezes, precário", admitiu, "mas, mesmo assim, era um equilíbrio".

Ao me explicar sua necessidade de diminuir o ritmo, ela me olhou nos olhos e disse: "Jessica, o que eu acabei de aprender é que se eu correr demais e rápido, se pisar fundo o tempo todo, vou me exaurir em pouco tempo e não vou prestar para ninguém".

"Se eu pisar fundo..."

Essas palavras não me foram ditas em vão. Recentemente, eu tinha dito exatamente a mesma coisa para nossas embaixadoras para estimulá-las a ir com tudo. E, embora meu papel como líder seja lançar uma visão ambiciosa para que as pessoas se superem, apenas esses indivíduos sabem quanta gasolina ainda resta em seus tanques.

Rebecca continuou: "Aprendi que se eu estabelecer meu padrão para a Noonday em uma altura que eu possa atingir com consistência, isso significa que também posso cuidar bem do resto da minha vida. E isso faz de mim uma embaixadora muito melhor, sem contar melhor esposa, mãe, vizinha e amiga".

***

Talvez você esteja se perguntando por que, de todas as histórias de embaixadoras à minha disposição, destaco uma de alguém que esteja recuando abertamente e se empenhando menos em seu negócio da Noonday. Que tipo de vendedora sou? E na aparência, reconheço que pareça um pouco contraintuitivo. Mas a verdade é que não quero que mulheres como Rebecca sejam fogo de palha em relação à Noonday. Desejo a parceria delas em longo prazo; quero trabalhar com elas pelas próximas décadas. O que me leva à reação que tive quando Rebecca me disse que estava reduzindo o passo.

"Estou orgulhosa de você", me ouvi dizendo a Rebecca, sendo totalmente sincera. "Você se libertou da corda de pular das expectativas de outra pessoa sobre você e descobriu um ritmo que funciona para si mesma. Espero que todas na nossa equipe escolham com a sua sabedoria. Você está, realmente, assumindo a visão a longo prazo, aqui..."

O fato é que *consistência*, mesmo que ligada a um ritmo mais controlado, é o que mais interessa em relação aos nossos parceiros no artesanato. Em inúmeras ocasiões, aquelas empreendedoras dedicadas me disseram que gostariam bem mais de ter encomendas pequenas, mas consistentes, do que trabalhos volumosos, mas inconstantes. "Quando sabemos que as encomendas vão chegar, podemos nos preparar para nossas necessidades de produção", disse-me uma artesã, recentemente. "Agora, todo nosso grupo pode ter esperança, ao pensar no futuro."

Acontece que, em se tratando de criar sonhos, o lento e o constante realmente vencem a corrida.

***

Se existe alguém que entenda a tendência de ir a mil por hora em busca de uma ideia sedutora, confesso que *esse alguém sou eu*. Durante os primeiros quatro anos da Noonday, levava uma vida *louca*, com L maiúsculo. Viajava demais, dormindo muito pouco, me instalando em sofás alheios, como se isso fosse minha profissão, e comendo menos do que o saudável, para dizer o mínimo. Por quatro vezes, tive inflamação na garganta. Tive herpes-zóster, insônia, fiquei acabada. Mas, felizmente, minha trajetória não parou ali. Também acabei ficando sensata.

Lembro-me de estar sentada no sofá com outro ataque de gripe, pesquisando no Google coisas como "repouso" e "limites". Será que a pesquisa *sobre* cuidados pessoais significava que eu estava meio que pondo isso em prática? (Meu profundo anseio por esse estilo osmótico de atualização é comprovado pelos títulos não lidos que juntam poeira na minha estante, todos contendo termos como *oração, exercício* e *hábitos*.) De qualquer modo, naquela ocasião, eu tinha, realmente, a firme intenção de pôr em prática o que aprendesse. Estava cansada de me sentir cansada.

Deparo-me com um artigo de Tim Keller, um pastor em Nova York, que incentivava a manutenção do *Shabat*. Os nova-yorquinos são conhecidos como grandes trabalhadores; imaginei que poderia confiar em seu conselho a esse respeito.

O *Shabat*, que significa "descanso" em hebraico, é uma prática judaico-cristã em que, de um pôr do sol ao seguinte, um dia completo da semana, você se concentra em desfrutar de Deus e em descansar do trabalho. Enfiada na exortação de Keller, havia uma frase aparentemente tão insignificante que tive dúvidas de que algum outro leitor a tivesse notado. "Muitas... Carreiras... Exigem uma espécie de período inicial de trabalho intenso e penoso. Começar seu próprio negócio... Exigirá algo semelhante. Nestes casos, você precisa prestar atenção para não justificar a escassez de *Shabat*, dizendo 'estar passando por um período', quando, na verdade, esse período nunca termina.[24]"[25]

Durante muitos e muitos anos, enquanto a Noonday estava se erguendo, eu levava uma vida agitada. Ficava esperando a hora em que meus filhos caíssem no sono para, *finalmente*, poder trabalhar um pouco. Se o dia tivesse 48 horas, ainda não bastaria. Acreditava na missão da Noonday a esse ponto. E, embora eu, sinceramente, não trocasse aqueles dias gloriosos por nada no mundo, reconheço o quanto acabaram sendo insustentáveis.

Revendo, percebo que, durante aqueles primeiros anos, eu não estava pondo em prática um ritmo sensato, e nem mesmo sabia o que isso significava. Mesmo depois que a Noonday podia se permitir pagar um salário a outras pessoas, abrir mão e delegar era uma história completamente diferente. Tenho vontade de escrever um pedido de desculpas, neste momento, a alguns dos nossos primeiros colaboradores. Uma. Quantidade. Imensa. De. Mensagens. À. Meia-Noite. "Você se lembrou de fazer aquilo?", eu escrevia. "Tem certeza de que está tudo nos conformes?"

E, então, a preferida da equipe de todos os tempos: "Vamos seguir nesse novo sentido criativo para o lançamento, que é *amanhã*".

Esse negócio era meu quarto bebê; daria para confiar em outras pessoas para mantê-lo vivo?

Na verdade, estava na hora de olhar pelo retrovisor e deixar para trás o estilo de vida acelerado de *startup*, antes que ele me atropelasse por completo. Eu precisava passar da fase de largada da *startup* para a de maratona da crescente companhia. Se aprendi alguma coisa nos últimos sete anos, é que as voltas, reviravoltas e tentativas das quais reclamamos no momento cumprem um propósito significativo no final.

Na Guatemala, a posse mais valiosa de uma tecelã é seu tear portátil (*backstrap loom*), que pode ser usado nos quadris enquanto a tecelã segue com seu cotidiano. Algumas das peças mais bonitas que vi foram tecidas dessa maneira e, no entanto, caso você foque no avesso do tecido, só verá um emaranhado de cores em zigue-zague, fios perdidos e nós. É quando você o vira do lado certo que vê como esses fios se juntaram para formar um padrão de tirar o fôlego. O mesmo acontece com nossas vidas. Você pode achar que esse período pelo qual está passando durará uma eternidade, e quando o período envolve fraldas sujas, posso me solidarizar com sua agonia. Passei alguns anos da vida adulta constantemente úmida, seja por usar toalhinhas de bebê para assoar o nariz, ou absorventes de amamentação para me conter. É uma fase difícil. Contudo, não deixa de ser uma época: acontece e depois some. Meu período de *startup* agora precisava sumir. Minha liderança precisava amadurecer. Assim, com o passar do tempo, voltei a fazer terapia mensalmente. Voltei para a academia de ginástica. Guardei meu iPhone e meu notebook em um lugar fora do alcance das cinco da tarde até a manhã seguinte. E o efeito bruto dessas práticas importantes foi que, recuando em alguns aspectos, tive mais para dar nas áreas mais importantes.

Atualmente, sei que está na hora de uma leve intervenção no "eu, eu mesma e euzinha" sempre que cobiço o trabalho da pessoa que está pondo espuma no meu leite. Num passado não muito distante, aconteceu de eu estar trabalhando feito louca em um capítulo deste livro, em um café, dobrando a esquina da central da Noonday, e, por uns bons cinco minutos, me limitei a observar a equipe que fazia café. Eles sorriam. Riam com os fregueses. Preenchiam pedidos com uma rapidez inacreditável. *Veja como eles se divertem*, pensei. *Pense em como esse trabalho seria estimulante.*

Por um milésimo de segundo, pensei em mandar um currículo; foi quando recuperei a sanidade e percebi que, talvez, eu estivesse um pouquinho estressada. Embora fosse uma atividade compensatória servir, com simpatia, a outras pessoas, suas delícias cafeinadas, isso não atenderia Jalia. Sacudi a cabeça, enquanto ia para detrás da direção do meu carro para me dirigir para casa, murmurando: "Essa noite, o notebook fica *fechado*".

Não sei quais são os sinais de alerta para você, mas incentivo que preste atenção neles. Esta missão que aceitamos para ter um impacto global pode parecer árdua; temos que saber quando pousar o fardo. Com isso em mente, aqui estão algumas práticas que considerei úteis. Talvez elas funcionem para você também.

***

Em primeiro lugar: Exercícios. Antes de me mudar da Guatemala para Austin, me casar e contrair mononucleose – de Joe; obrigada, querido – tive um ataque de depressão nos meus vinte anos que, para mim, pareceu terminal. Ainda hoje, tenho um artigo que achei nessa época, colado em um diário: "Adultos deprimidos, que se exercitaram 45 minutos por dia, reagiram tão bem quanto um grupo que tomava Zoloft". Imediatamente, fiz uma tentativa e, desde então, não parei.

Acho que os exercícios têm um efeito halo em muitas outras áreas da minha vida. Como melhor, me sinto mais confiante e tenho mais energia. Além disso, são de graça! Em resumo: *mexa-se, mulher*. E me agradeça depois.

Em seguida, vamos falar de meditação. Bom, você pode pensar que fui toda "Austin" para cima de você, mas, falando sério, funciona.

Para mim, a meditação é me sentar com uma verdade sobre Deus durante dez minutos, para que a verdade possa inundar a minha vida. Com o tempo, desenvolvi uma sequência simples de frases, que repito comigo mesma até acreditar que são verdadeiras: "Em sua presença", digo em voz alta, "não preciso provar nada, mudar nada, consertar nada".

Em sua presença, não preciso provar nada, mudar nada, consertar nada.

Em sua presença, não preciso provar nada.

Mudar nada.

Consertar nada.

Essas palavras são meu reconhecimento, perante a Deus, de que já sou merecedora, sem a necessidade do acréscimo de sinos ou assobios. Estou aqui, estou presente, e isso basta. Não preciso ser mais magra. Não preciso ser mais inteligente. Não preciso que cada pessoa no âmbito da Noonday apoie, com entusiasmo, cada decisão que tomo. Não preciso convencer todas as mães da escola que, para mim, é perfeitamente razoável viajar a trabalho. Não preciso fazer *nada além do que estou fazendo* neste exato momento. Não é a hora de me esforçar para *conhecer* Deus tanto quanto é a hora para vivenciar o que significa *ser conhecida* por um Deus que, sempre e eternamente, me protege.

Para mim, estar presente é um desafio. Sou aquela que, durante uma aula de ginástica, corre para o celular, do meio de um *burpee*, para anotar uma nova ideia e perde os últimos cinco minutos de alongamento, porque, fala sério, quem tem tempo para isso? Para mim, estar presente demanda esforço e acho a meditação insanamente perturbadora para meu comportamento frenético. Mesmo assim, não posso deixar de reparar nesses dias em que começo com tais pensamentos centralizadores, que respiro mais profundamente. Sinto-me mais enraizada como mulher e amiga. Vejo minha vida como uma abundância de oferendas em vez de trapos torcidos e gastos. Aceito a vida como um movimento em frente e embarco no fluxo, ansiosa. Consigo desacelerar meus pensamentos hiperativos. Aprendo a estar presente, a estar *exatamente aqui*.

Uma terceira disciplina que pratico é a de me conectar espiritualmente com meu marido. Há anos, Joe e eu nos reunimos todas as sextas-feiras pela manhã para rezarmos juntos pelo nosso casamento, por nossa parentalidade, por nossos esforços profissionais e pelo nosso mundo. Joe é um homem de poucas palavras, então, o que ele fala alto na reza me dá um grande *insight* de seu coração. A união que essa prática fomentou, bem como a ligação que trouxe, vale o toque de despertar de manhã cedo. As noites em que saímos como casal também são divertidas, mas isso nos trouxe profundidade.

Também valorizo reservar um tempo para os amigos. Viajar pode me dar a sensação de isolamento, então, uma das estratégias que uso, antes de uma viagem, é agendar um encontro com uma amiga para a minha volta. Um dia depois da chegada de uma viagem internacional de três semanas que Joe, as crianças e eu fizemos, duas das minhas amigas apareceram com pizzas e seu bando de crianças. Em meio às pizzas, às pilhas de roupas para lavar e malas ainda não totalmente esvaziadas, escutei-as me contarem sobre suas vidas e suas esperanças para o próximo ano letivo, enquanto eu compartilhava algumas lembranças divertidas da nossa viagem. Elas falaram que essa reunião imprevista seria a última coisa que iriam querer depois de terem ficado tanto tempo fora, mas sabiam exatamente o que eu cobiçava ao retornar para a vida doméstica e apareceram ansiosas para proporcionar isso. Essas são amigas às quais eu não era próxima nem mesmo sete anos atrás, e, assim sendo, pessoas a quem eu não confessaria minhas necessidades. Esta é a recompensa da vulnerabilidade.

Eis outra disciplina: Existe o ditado "Não aconteceu de verdade, se eu não postei a respeito, certo?", e, no entanto, infelizmente, o ditado está errado. Para mim, é muito mais fácil exercer a presença quando meu celular não está na minha mão.

Se você luta para se desligar da tecnologia, deixe-me dar a dica de um hábito. Alguns anos atrás, dei aos meus filhos a permissão de desconectar-se de mim, se eu mesma não me desconectasse. Do momento em que eu chego em casa, vinda do trabalho, até o momento em que aquelas crias adoradas caem no sono, é para a mamãe funcionar sem celular. E se ela não cumprir esta regra instituída por ela mesma, então, um deles me denuncia. Até agora, eles só esqueceram onde esconderam o celular uma vez. É preciso reconhecer que eles o escondem com frequência.

Descubra práticas que a ajudem a reconhecer seu mérito praticamente dia a dia, em relação a seu corpo, sua família, seu trabalho. Assuma responsabilidade por sua vida inigualável, para que possa empoderar outras pessoas a fazer o mesmo.

Na última contagem, a Noonday tinha criado quatro mil empregos em comunidades vulneráveis ao redor do mundo, o que afeta mais de vinte mil vidas; lançamos mais de quatro mil negócios de embaixadoras ao longo dos anos e continuamos a empregar uma equipe de cinquenta profissionais incríveis em nossa sede, em Austin. Os riscos são altos, sensação que posso quantificar com fatos concretos. Da mesma maneira que Jalia não pode, simplesmente, não aparecer um dia e esperar que não haja consequências, nenhuma de nós, que torça pela Noonday pode, em sã consciência, largar esse trabalho. E aqui eu perguntaria a você com a maior delicadeza: Você também percebe os altos riscos de assumir a sua vida?

Vejo grandes coisas aguardando as próximas gerações, sem sombra de dúvida. Vejo uma *revolução* total abrangendo esse nosso globo, e adivinhe quem está assumindo a responsabilidade? São pessoas como você e eu, que têm uma *contribuição* a dar. Mas esses investimentos não serão bem usados a não ser que procuremos assumir uma perspectiva em longo prazo. E rezamos para que isso aconteça. Dizemos a verdade. Agendamos a sessão de terapia. Agendamos a massagem. Compramos o romance. Tentamos um pouco de solidão para dimensionar o resultado. Fazemos essas coisas para cuidar de nós mesmas. E, de vez em quando, das nossas irmãs também.

***

No capítulo anterior, contei sobre minha amiga Dee, que acolheu Rachel, de Ruanda, porque esta precisava de uma cirurgia vital no Dell Children's Medical Center of Central Texas. Como mencionei, Dee é auxiliar de enfermagem, e meu papel é incentivá-la. Não me leve a mal; adoro encontrar soluções sistêmicas para quem está em necessidade; só não vou jamais gostar de limpar vômito, o que Dee afirma ser a tarefa mais nobre que ela faz como enfermeira.

Quando ela e seu marido, Tim, convidaram Rachel para ficar em sua casa e entrar em suas vidas, estavam em um local onde Dee mal pudesse descansar. O que estou dizendo é que, agora, haviam quatro crianças para cuidar, uma delas sem falar inglês e com relevantes necessidades médicas. O que Dee deveria fazer para ficar equilibrada, tirar o dia de folga e ir nadar?

Eu sabia que ela estava estressada ao máximo e que esse período duraria um bom tempo. E, embora eu não tivesse como remover aquela carga, poderia colocar meus ombros logo ao lado dos ombros dela e sustentar aquele peso. Fiz com que se tornasse parte da minha rotina deixar sacolas de compras em sua varanda da frente, bem como dar uma verificada com Dee, várias vezes por semana, para saber do que ela precisava e quando. Sussurrei os nomes da sua família em minhas orações, confiando em Deus para que eles tivessem força e sabedoria.

E, então, veio uma ideia, que algumas amigas e eu planejamos por completo. Depois que a cirurgia de Rachel foi considerada um sucesso, e Dee a tinha colocado no ritmo de ano letivo, essas amigas e eu nos juntamos para dar a Dee um *verdadeiro dia de folga*. Arrumamos caronas para seus quatro filhos irem à escola. Informamos a ela o endereço de um hotel no centro, onde ela era esperada com dois tratamentos de SPA. Mais para o final da tarde, nos encontramos com ela para uma taça de vinho, rimos e choramos juntas. Certificamo-nos de que suas crianças haviam chegado da escola e começado a fazer a lição de casa e cuidamos delas para que Dee e Tim pudessem sair para jantar, a sós. Considerando tudo em questão, o que fizemos não foi grande coisa, mas, para Dee, *mudou o jogo*. "Me recuperei de um jeito que nem mesmo sabia que precisava de um trato", ela disse, olhando para trás. "Aquele dia foi um dos melhores de todos."

Isso é a pressão do grupo no que há de melhor, minha amiga, que nos encontra celebrando caminhos em longo prazo. Se você quiser seguir na vida, precisa começar a acreditar em quem a leva lá. Só que levei anos para descobrir quem era essa *pessoa*. Acontece que não é apenas uma pessoa, somos *nós*. Precisamos umas das outras nessa trajetória, não apenas agora, mas *todos os dias*.

Um último pensamento antes de seguirmos para o capítulo 12. Existem momentos em que uso um desses ritmos espirituais, reza ou contemplação, isolamento ou descanso, e percebo a recompensa disso de imediato. Sinto-me mais próxima do conceito de paz, talvez, ou, no mínimo, mais próxima da mulher que desejo ser. Mas, com igual frequência, não percebo benefícios instantâneos. E nesses momentos, acho crítico lembrar que, aqui, o objetivo é *empenho* sobre qualquer resultado obtido.

No mundo das vendas onde vivo, sei que oitenta por cento dos compradores não dizem sim ao que quer que você esteja pedindo até você ter pedido num *total de cinco vezes*.

Sim, minha amiga, *cinco* vezes!

Comento essa estatística o tempo todo com a família mais ampla da Noonday. "Sei que vocês têm vontade de desistir depois de uma ou duas vezes", digo a elas, "mas a psicologia humana não está ao seu lado. Leva cinco vezes, senhoras, *cinco vezes*. Podem levar essa informação direto ao banco."

Da mesma maneira que precisamos de uma determinação em longo prazo nas vendas, precisamos dela ao escolher uma vida de impacto. Frequentemente, dou uma chegada no Facebook Live com minhas embaixadoras e digo: "O que estamos comemorando hoje?". Minha equipe sabe que não estou falando de resultados; quero algum *empenho* que eu possa destacar e festejar. Quero saber sobre a embaixadora que fez o quarto telefonema (ainda que lhe tenham dito não). Quero saber sobre a colaboradora que agradeceu por ter sarado de um ataque insano de gripe (mesmo que isso signifique ter perdido seu próprio bazar). Quero saber sobre a novata que liderou sua primeira teleconferência com toda a equipe (ainda que não soubesse a resposta para metade das perguntas feitas). Quero saber sobre celebrar o empenho, porque, mais do que o tempo, o empenho é o que rende resultados duradouros.

***

A escola de Amelie organizou uma reunião de volta às aulas mais cedo, neste outono, e quando a diretora explicou a visão da escola sobre educação, fiquei animada. "Enfatizaremos uma *mentalidade de crescimento*, na qual o aprendizado é valorizado", ela disse, "e não uma *mentalidade fixa*, em que as notas têm a primazia".

Siiim, comemorei em silêncio, ali do meu lugar. *Minha filha perceberá isso muito mais cedo do que eu.*

Percebe? Eu e você estamos indo em direção a algo, e enquanto vamos, estamos crescendo. Só percebemos o crescimento, indo, o que, sem dúvida, é o motivo de seguirmos mesmo com medo. O medo entra na equação por não sermos especialistas. E, no entanto, algo em nós reconhece que, ficar parado, é inibir o crescimento.

Se pusermos todas as fichas nos resultados que desejamos, provavelmente ficaremos no desejo. Provavelmente ficaremos decepcionadas, e totalmente desiludidas. Esse é o retrato de uma mentalidade fixa, de uma visão fixa, em que todos os olhares estão voltados para o prêmio.

Mas, em uma mentalidade de crescimento, o prêmio é o percurso, o processo, o aprendizado, o crescimento. Algum tempo atrás, meu filho Holden estava ensinando um amigo a patinar. Depois de alguns erros óbvios e algumas quedas doídas, o amigo disse a Holden: "Cara, sou muito ruim nisto!". Ao que Holden respondeu: "Você não pode ser ruim numa coisa que nunca tentou". Tive vontade de colocar aquela frase manuscrita na parede do meu escritório.

Quando nos comprometemos, o tema dos cuidados pessoais se torna crítico para nossa visão e faz parte, diretamente, do nosso crescimento. Crescemos ao caminhar, e uma das principais maneiras de crescer é a seguinte: *Como me agitar e descansar? Como pressionar e rezar? Como correr e respirar?* Precisamos aprender a relaxar sem desistir, e a correr muito, ao mesmo tempo em que reconhecemos que a vida é pura bênção.

Só você saberá as respostas a estas perguntas, porque só você saberá do que precisa. (Você se lembra da primeira parte deste livro? Ela tem um motivo para ser a primeira parte: Aprender a confiar em si mesma é o primeiro passo decisivo.) Rezo para que você aprenda a escutar seus sinais, e reaja a eles com ternura e graça. Não podemos chegar aonde queremos na vida se não confiarmos no nós que nos leva até lá, e a não ser que esse nós seja saudável, caloroso e completo, não chegaremos inteiros.

DOZE

CONSTRUA UM MUNDO PRÓSPERO

Juntos, estamos construindo um mundo próspero, onde as mulheres são empoderadas, as crianças festejadas, as pessoas têm trabalho e estamos conectados.
Declaração de concepção da Noonday Collection

Enquanto eu estava em frente à joalheria ugandense, onde tudo começou, há quase sete anos, com vinte embaixadoras e dezenas de artesãos da Noonday ali ao meu lado, a cena entrou em câmara lenta, enquanto cada rosto dançando à minha volta representava mais uma vida recuperada. Enquanto batidas de tambor alucinantes saíam das mãos dos percussionistas, avistei Bukenya, um dos artesãos mais perseverantes e leais do grupo African Style, sem mencionar sua recente promoção a gerente de produção de toda a atividade. *Você não era o menino de rua que se virava em Kampala?*, divaguei comigo mesma, relembrando coisas. *Não vivia num orfanato, aceitando bicos para cobrir as taxas escolares?*

Aos dezesseis anos, Bukenya estava por baixo, mas não à parte; lutando, mas determinado a triunfar. Tinha ultrapassado a idade do programa de orfandade do país e não tinha aonde ir, a não ser as ruas. "Eu sempre soube que poderia ser alguém", ele me disse uma vez. "Então, aceitei o primeiro trabalho que encontrei. Pensava que, finalmente, conseguiria me manter."

Aquele primeiro trabalho era assentar tijolos para uma construtora local. Só que os patrões de Bukenya, frequentemente, se "esqueciam" de pagá-lo pelo seu trabalho árduo. Era exatamente assim que acontecia em Uganda, Bukeynya disse consigo mesmo. Nesse aspecto, dificilmente ele estava só. Ainda hoje, em Uganda, oitenta por cento dos adultos entre 20 e 24 anos estão desempregados, e os que têm *realmente* trabalho raramente recebem o salário todo ou pontualmente.

Bukenya vivia com sua noiva grávida, Coral, nas favelas de Kampala, ainda fazendo bicos para tentar pagar as contas, quando conheceu Jalia e Daniel, os novos proprietários da empresa de artesanato parceira da Noonday que ficava ali perto.

"Quisemos investir nesse jovem casal", Jalia se lembra, "então, os ajudamos a alugar uma casa de um cômodo. Pagamos o primeiro aluguel, em troca de eles deixarem guardarmos algum material de joalheria em sua casa".

Nenhum dos casais sabia, na época, o quanto Bukenya era prolífico com as mãos; além disso, ele tinha talento para solucionar problemas, resolvendo com agilidade os *designs* mais difíceis da Noonday. Como lhe foi dada uma oportunidade para mudar suas circunstâncias, ele acreditou que a vida seria diferente para aquele bebezinho que Coral carregava. O ciclo de pobreza acabaria com a criança. Com essa esperança em seus corações, Bukenya e Coral deram à filha o nome de Shalom.

Shalom – *paz*.

Apesar de uma vida que só conhecera turbulência, Bukenya, por fim, tinha encontrado paz.

Paz que tinha o aspecto de uma casa nova e segura.

Paz que tinha o aspecto de uma habilidade valorizada e rentável.

Paz que tinha o aspecto de um trabalho viável.

Paz que tinha o aspecto de um futuro convincente.

Bukenya e Coral estavam entre os dezenove casais que participaram do casamento em grupo naquele dia de dezembro de 2012, sendo que Bukenya foi o primeiro dos filhos de seu pai a ter um casamento oficial e legal. A partir dali, ele seguiu para comprar um terreno na cidade e agora está economizando para construir sua própria casa. Houve um tempo em que Bukenya se viu como alguém que sempre lutaria para sobreviver. Agora, tem um trabalho no qual pode se desenvolver e se apoiar em seus dons específicos. Descobriu seu valor.

Atrás de Bukenya, avistei Raeann, uma embaixadora de Seattle, sacudindo o bumbum e deixando escorrer rios de lágrimas. Raeann tinha sido diagnosticada, recentemente, com câncer no seio e, mesmo assim, lutara com unhas e dentes para ir a Uganda. Enquanto eu a via se banhar em cada segundo daquela experiência, não pude deixar de pensar nas outras batalhas enfrentadas por ela. Vários abortos a tinham deixado desesperada por um filho. Mas ela manteve o rumo com a Noonday e usou sua voz para promover artesãos e famílias adotivas. Acertou o passo, e sabia disto. Encontrou seu lugar e estava assumindo seu valor mais profundamente. Jogou tudo que tinha na criação de um mercado para nossos parceiros ao redor do mundo e agora testemunhava, em primeira mão, os frutos de todo aquele trabalho.

Latifa chegou ao meu lado naquele momento, seus quadris rebolando num círculo tão largo quanto seu sorriso atrevido. Aquela jovem tinha passado por muitos traumas na vida e mesmo assim, veja aqueles olhos brilhantes, agora. Se aquela menina não fosse o retrato do florescimento, então eu não sabia o que era.

Aos 16 anos, Latifa tinha vindo da aldeia para Kampala à procura de trabalho. Vendia roupas usadas, cremes faciais, cosméticos, o que pudesse encontrar para vender. Não conseguindo estabilizar as coisas sozinha, decidiu ir morar com um homem. "Foi assim que engravidei do meu filho", ela disse, "quando eu mesma ainda era uma criança".

Aos 21 anos, Latifa tinha dois filhos, um deles cronicamente doente, e um marido abusivo. "O homem me tratava tão mal", Latifa disse, "que acabei tendo que ir embora". Jalia me contou que muitas pessoas tentaram convencê-la a abrir mão das crianças, mas ela permaneceu firme: "Amo meus filhos. Vou ficar com eles".

Uma amiga em comum apresentou Latifa a Jalia e Daniel, dizendo que ela poderia fazer o serviço doméstico para eles. Uma coisa levou à outra, e Latifa se tornou artesã da African Style. Agora, ela pode arcar com o aluguel da casa. Agora, ela pode arcar com cuidados médicos para seu filho, pode mandar o filho e a filha para a escola. Agora, a vida vai bem.

Além de trabalhar na produção de adereços, Latifa sabia que queria começar algo próprio, para ajudar a suplementar sua renda. Ao refletir sobre o que poderia fazer, sua estratégia ponderada me impressionou. "Eu não queria vender bananas", explicou, "porque as bananas podem apodrecer. Mas o carvão dura muito tempo. Comecei com cinco sacos e agora tenho dez".

Hoje, Latifa encabeça todo o processo de controle de qualidade da African Style e, segundo Jalia, é rígida. "Ela nunca compromete a qualidade, Jessica", Jalia me disse. "Se algo não está de acordo, ela manda de volta."

Alguns minutos depois de a dança de boas-vindas ter diminuído, Latifa me puxou de lado para me mostrar uma foto no seu celular do terreno que havia comprado para construir uma casa para a mãe. Embora ela tenha pouco conhecimento de inglês, seu sorriso de um milhão de dólares disse tudo. Rimos juntas por ser tão incrível que sua vida tivesse mudado tanto. E não apenas sua vida, mas a de todos que a conhecem. Latifa sabia que a melhor coisa a se fazer, quando se tem mais do que é preciso, é olhar para trás e puxar outras pessoas também.

Olhei à esquerda e vi Heather, uma embaixadora de Austin, sendo arrastada em uma série de abraços irresistíveis. Vários anos antes, não tinha como ela se imaginar ali, entrando em contato com dezenas de pessoas desconhecidas, a meio mundo de casa. Naquela época, Heather era introvertida, não acreditando ter o que fosse necessário para falar em frente a outras pessoas nos bazares. Mas a incentivei, vendo-a de uma maneira muito diferente da que ela se via, e me sinto feliz por isso. Recentemente, Heather atingiu a marca de um quarto de milhão de dólares em um total de vendas em seu período de vigência e lidera uma próspera equipe de mulheres poderosas, cada uma delas tendo aprendido a assumir sua própria personalidade, além de sua história. Ela arriscou o conforto em busca de algo maior e melhor, e Uganda tinha isso para dar e vender. "Esse trabalho reforçou minha confiança",

Heather me disse mais tarde, "expôs as mentiras que eu tinha aceitado e me deu forças para deixar minhas inseguranças para trás. Você disse sim muito tempo atrás, Jessica, o que me levou a dizer sim mais à frente".

***

Caleb também estava ali, um rapaz que tinha me mostrado sua lista, quando o conheci naquela primeira visita, muitos anos antes. "Essas são as coisas que quero conseguir", avisou, enquanto me estendia uma única folha rasgada. Nela, li suas esperanças e sonhos:

- *colchão*
- *mosquiteiro*
- *prato*
- *garfo*

Minha própria trajetória também começara com uma lista, embora a minha fosse bem diferente da dele. "Deus, por favor, ajude", rezei. "Mande-me um advogado, um investidor anjo. Mande-me uma *ajuda*." Deus tinha sido leal ao conceder os recursos certos na hora certa, para cada um de nós – algo valioso para eu perceber.

Rosetta se aproximou, enquanto Caleb sorria e acenava para mim, e a puxei em um abraço tão apertado que acho que ela imaginou que poderia explodir. Seu começo tinha sido quando ela procurava trabalho, indo aos vizinhos em seu entorno, para "ver se eles tinham um fardo". Ela estava se oferecendo para lavar roupas... Qualquer coisa em troca de algumas moedas. "Quando eles diziam não", ela me contou, "eu perguntava sobre a grama... Será que eles queriam uma ajuda para plantar em seu cercado?".

No dia em que ela conheceu Jalia e Daniel tudo mudou. Por fim, ela conseguia sustentar seus quatro filhos. Por fim. ela poderia trabalhar e se *desenvolver*.

Verificando o orgulho de Rosetta em conseguir cuidar de sua família, relembrei como, tempos atrás, no meu percurso empreendedor, eu mesma lutara para acreditar que podia ser, ao mesmo tempo, uma boa mãe e uma boa CEO. É claro que uma pessoa poderia ser as duas coisas! Não vi Rosetta perdendo o sono por ser uma mãe que trabalha, vi? Mas, por muito tempo, essa foi minha luta diária. A somatória do trabalho da minha vida estava criando ocupações rentáveis para mulheres que são mães... E ali estava eu, finalmente aceitando minha própria oferta.

***

Enquanto eu observava a multidão que balançava e dançava em frente à oficina de Jalia, meus olhos deram com Nakato, aquela mulher tímida e corajosa que eu conhecera sete anos antes. Foi por ela que Jalia tinha fincado pé, voltando à delegacia repetidas vezes, exigindo justiça para o abuso que Nakato sofrera durante anos. "Hoje, ela é uma mulher diferente", Jalia me conta, "uma mulher completamente em paz".

Tenho absoluta certeza que aquele fenômeno sociológico que cunhei como o Efeito da Sororidade nasceu naquele lugar. Vi-o se desdobrar inúmeras vezes para poder contar. Enquanto eu caminhava em meio às pessoas, em frente à oficina, dei uma olhada em Laura e Kelsie, duas embaixadoras que se conheceram em um evento da Shine, três anos antes, e imediatamente se tornaram amigas. Kelsie e seu marido enfrentaram, recentemente, uma adoção fracassada e, segundo ela, não saberia como se manter de pé, se não fosse por incontáveis conversas, tarde da noite, com Laura, uma mãe adotiva. "É o retrato mais lindo de amizade", Kelsie disse. "As palavras de Laura literalmente curaram meu coração". E, agora, lá estavam elas, juntas, comemorando o feito da irmandade.

***

Mama Jabal, com seu modesto lenço na cabeça, também se juntou à reunião familiar que se desenrolava, e assim que flagrei sua deliciosa presença, me alegrei com seu progresso. Quando a conheci, Mama Jabal estava casada com um homem abusivo, envolvido não apenas em bruxaria, mas também em múltiplos casos. E, por ser o único provedor, Mama Jabal e seus dois filhos não tinham como arcar com o próprio aluguel e a comida. Passados dois anos, ao visitá-la, a primeira coisa que ela me disse foi: "Jessica! Agora posso deixar meu marido!".

Ora, não faço questão de facilitar divórcio, mas, nesse caso, fiquei exultante. O trabalho, para ela, significava *liberdade*, significava segurança, sustento. Significava vida. "Desejo a você tudo de bom no começo desse novo capítulo incrível", disse a ela, então, e é exatamente isso o que ela tem feito. É verdade, seu marido roubou todos os seus pertences um dia antes de ela ir embora para sempre. É verdade, ela teve que se apoiar na boa vontade dos colegas artesãos para repor seus pertences básicos. É verdade, ela teve que despender um esforço incrível na construção de uma nova vida. Mas, contra todas as probabilidades, ela conseguiu. Ela e sua família na oficina.

***

Ao avistar Mama Sham, deixei de segurar as lágrimas contidas. Que susto essa mulher deu em todos nós, no ano passado, ao acordar paralisada! Agora, olhe para ela: Nada menos que *dançando*! Recebi sua exuberância explosiva com o mesmo entusiasmo, e depois caí literalmente em seus braços. Ao nos abraçarmos, Mama Sham me puxou para fora do círculo de dançarinos e cochichou com urgência: "Jessica! Resolvi seguir Jesus. Agora somos irmãs".

Amei testemunhar a alegria em seu rosto, naquele momento, mas o fato é que Mama Sham e eu sempre fomos irmãs. "Quando olhamos ao redor do mundo, não vemos desconhecidos, vemos nós mesmos", é bem mais do que um *slogan* perfeito para mim. A verdade da vida desses artesãos é a verdade de todos nós. Enquanto eu me alimentava da alegria daquela improvisada festa dançante, sabia que, lá atrás, em 2010, quando fui até San Antonio apanhar aquelas caixas de produtos doados, minha escolha de caminhar mesmo com medo tinha gerado um resultado maior do que eu poderia saber.

Quando todo mundo se acomodou para comer *matoke* (banana verde cozida) com frango cozido e verduras, generosamente preparada para nós, Jalia se levantou e tocou no microfone. Fez um sinal para que eu me aproximasse e, ao me levantar, agarrei as mãos de Joe, Jack, Holden e Amelie, que também estavam lá, e os convidei a me juntar à frente. Jalia me pediu para dizer algumas palavras aos presentes, e, ao me passar o microfone, absorvi meu entorno com humilde admiração. Aos poucos, fui percebendo o quanto aquele momento era incrível e improvável. Ali estava eu, uma texana "pule primeiro, olhe depois", formada em Pedagogia, com um currículo atrapalhado, parada em frente a mais de cem pessoas, que tinham se tornado minha família estendida. Juntos, tínhamos passado por provações e alegrias, celebrado o sucesso umas das outras e chorado por decepções recíprocas. Nenhum de nós sabia se essa aventura decolaria e, mesmo assim, ali estávamos nós, todos sentados, provando que sim.

Olhei para Jack ao meu lado, o garotinho que tinha dado início àquilo tudo. Considerei o quanto estávamos inseguros de que algum dia ele seria nosso; minha viagem a Washington, planejada às pressas; a entrega da documentação e minha atitude decidida perante o juiz, naquele dia em Ruanda. Jack era o motivo da existência da Noonday, e, ao sorrir para ele, me perguntei se algum dia ele entenderia realmente o quanto era significativo o papel que desempenhara. *Toda* a minha família havia tido grande importância. Eles tinham colaborado comigo em inúmeras ocasiões, em noitadas, em estresses, em tentativas ao acaso ao jantar, se sacrificando muito, para tornar esse nosso sonho realidade. E, agora, ali estávamos, todos nós, comemorando o progresso feito por nosso quarto filho, a Noonday.

"Esse dia é, para mim, como se fosse um presente", eu disse à multidão à minha frente. "Sete anos de parceria. O sétimo ano tem um significado especial na Bíblia. É quando Deus disse aos israelitas que honrassem o *Shabat*, que celebrassem, descansassem[25]. Essa é uma comemoração de realização por termos chegado tão longe. Lembram-se de quando, dois anos atrás, pensávamos que talvez não conseguíssemos? Bom, conseguimos. E não posso deixar de pensar no que os próximos sete anos trarão."

Ao terminar de falar, olhei para minha amiga Jalia, cujo único sonho, quando a conheci, era sobreviver para que seus filhos não acabassem órfãos. Agora, seus sonhos são um pouco maiores. "Jéssica, agora eu sonho com uma biblioteca e em começar um centro de retiro de casamentos, e em como podemos empregar tantas pessoas pelo país!", ela me disse mais de uma vez.

E eu sempre respondo?: "Vamos tornar este sonho realidade".

***

Mais tarde, Jalia levou nossa família para visitar a fazenda que ela e Daniel foram comprando aos poucos, como é costume em Uganda. Eles já tinham transformado a fazenda em uma fonte de alimentos sustentável para seus funcionários, que agora recebiam, diariamente, um almoço saudável. Enquanto caminhávamos, Jalia discorreu mais a fundo sobre seus sonhos para o futuro. "Teremos uma granja de galinhas aqui", explicou, apontando para o oeste, "que vai ajudar a fornecer mais comida e fontes de renda para nosso povo. E vamos ter um centro de retiro de casamento, ali, aonde os casais poderão vir e aprender o que significa um casamento saudável, já que aqui há gente demais sem um modelo a seguir".

Naquele dia, a última coisa que fizemos antes de sair da fazenda, foi plantar juntas, na terra, uma semente de abacate. "Vamos plantar isso hoje", Jalia disse, limpando um pouco de terra da testa, "e, em sete anos, ela começará a dar frutos". "Então, eu virei visitar", disse a ela, "faremos guacamole juntas". Rimos com conhecimento de causa; em suas visitas a Austin, o prazer Tex-Mex preferido de Jalia é *chips* e *queso*, sempre com um punhado de guacamole.

Amei essa expressão de esperança de Jalia, sua tenacidade, sua visão em longo prazo. Sete anos atrás, plantamos nosso negócio juntas e o aguamos com cuidado, esperando que um dia ele desse frutos. E, contra todas as probabilidades, ele deu. Agora, ao planejarmos para os próximos sete anos, vi em Jalia essa mesma postura visando ao futuro. A mulher que já tinha vivido um dia de cada vez, agora plantava sonhos que desabrochariam quase daqui a uma década.

Essa esperança era linda de se observar e me inspira ao pensar na visão que eu e Travis temos para o futuro. Nele, a Noonday se multiplica de tamanho, sem perder, no entanto, as características pessoais e relacionais que a tornam tão especial. Aumentamos nossa comunidade de embaixadoras pelo país e convidamos mais milhares de anfitriãs a se juntar a nós na construção de um mundo próspero, abrindo suas casas para bazares. Impactamos muitas vezes mais o número de artesãos que sonhávamos atingir no início e batalhamos para melhorar suas vidas holisticamente, por meio do trabalho, da educação, da capacitação de competências para a vida e mais. Nesse futuro, mais milhares de mulheres se ergueram, entraram em suas histórias e se fizeram valer. E, como demos os braços, concordando em caminhar mesmo com medo, nosso *encorajamento* só despertou mais coragem ao redor do mundo.

* * *

Frequentemente me perguntam como a Noonday ganhou este nome (que, em português, significa meio-dia). Desde que eu era criança, adorava o versículo da Bíblia que diz "Se vocês abrem sua alma ao faminto, e satisfazem as necessidades dos oprimidos, então sua luz se erguerá nas trevas e sua noite será como o meio-dia"[26]. Em uma tarde quente de agosto, sentada em um atracadouro, logo depois da noite que tinha liquidado meu estoque no primeiro bazar, sonhei com esse pequeno levantamento de fundos se transformando em um negócio de verdade. Mas, se fosse para isso acontecer, o negócio precisaria de um nome. Foi então que essas palavras de Isaías me vieram de repente. Passei um pouco mais de tempo refletindo sobre esse versículo, antes de pegar o celular, e quando o fiz, descobri um e-mail de um amigo que eu não via havia certo tempo. *Andei rezando por você, hoje, por algum motivo... Então achei que seria bom entrar em contato, para ver como você está.* O recado por si só era vago, até eu ver o versículo que meu amigo me disse que tinha rezado por mim:

> *Se vocês abrem sua alma ao faminto e satisfazem as necessidades dos oprimidos, então sua luz se erguerá nas trevas e sua noite será como o meio-dia.*

Este foi meu empurrão, e então dei um pulo. Escolhi Noonday naquele exato momento.

***

Recentemente, estava conversando com minha amiga Wynne sobre o que significa viver uma vida com uma mentalidade de impacto. Conheci-a no primeiro evento em que a Noonday participou, uma palestra sobre adoção, lá atrás, quando eu e Joe aguardávamos Jack. Wynne usava uma bandana graciosa, e antes mesmo de me apresentar, perguntei se poderia tirar uma foto dela, na esperança de que Jalia pudesse criar algo parecido para eu vender. Wynne e eu ficamos muito amigas, e, em questão de meses, ela se juntou a mim como uma das primeiras embaixadoras da Noonday.

Quando Joe e eu, finalmente, recebemos a notícia de que iríamos a Ruanda conhecer nosso filho, me lembrei que Wynne era fotógrafa. Se arrumássemos uma maneira de custear sua passagem, será que ela estaria disposta a ir fotografar o novo "nascimento" da nossa família?, perguntei-lhe.

Mais tarde, ela me contou que se sentiu honrada com o convite e que, além do mais, foi assim que comecei a atraí-la para uma maneira de viver com uma coragem mais imperfeita. Essa revelação me surpreendeu. Eu só estava fazendo o que sempre faço, convidando mulheres a se juntarem a mim em qualquer esquema dentro dos meus sonhos, mas para Wynne aquilo significou muito mais. "Não percebi que estava esperando ser convidada para esse tipo de vida, até que você me convidou, e eu disse sim."

Olhei para ela com curiosidade.

"Jessica", ela continuou, "sou uma representante de muitas mulheres por aí. Mulheres que não acham que estão convidadas para esta festa, mulheres que não sabem que sua presença faz falta".

Instintivamente, entendi o que Wynne queria dizer. Cresci na época dos convites escritos à mão, quando, caso você quisesse convidar alguém para uma reunião, enfiava, concretamente, cartões dentro de envelopes. Depois, escrevia o nome da pessoa, o endereço, e lambia um selo de correio para colar. (Se você surgiu no cenário depois de 1980, então vai ter que acreditar em mim; houve época em que tínhamos que *lamber* selos, juro.)

Ali havia intenção e delicadeza. Os convites exigiam investimento de cuidado e tempo.

Agora, mudamos para a era *online* de convites Evite, e, embora eu aplauda a natureza ecológica desse método, sem falar na eficiência disso tudo, acho que perdemos algo importante na mudança de lá para cá. Com certeza, não sou a única a receber convites e maravilhas digitais: *Estou mesmo convidada para isso ou será que fulana de tal só acionou todo o seu banco de dados, esperando que algo com energia apareça?*

O remetente pode ter dedicado horas a essa lista de convidados, mas mesmo assim fico cética, *Huummm, será que ela vai reparar se eu não mandar um* RSVP?

Leitora, por favor, chegue mais perto um instante. Imagine meus olhos, que estão fixos em você. Esse convite que você andou esperando? Ele está aqui, na minha mão. Estou estendendo-o a você. Sentiu? Consegue sentir a cartolina texturizada e o peso da sua alta qualidade? E, olhe aqui, seu nome está manuscrito, e eu o escrevi corretamente – um bônus! Estou oferecendo-o a você, esperando que aceite. Estou convidando-a, oficialmente, a entrar nesta vida.

Além disso, vou ficar aqui, parada, até você responder ao meu convite. Até lá, sou inamovível, estou fixa nesse lugar. Você virá? Vai aparecer? Vai arriscar um sincero *sim*?

Sua presença é requisitada, minha amiga. Sua presença especificamente e tudo que isso inclui. Precisamos de você exatamente como você é, com sua história, sua luta, seu medo. Precisamos das suas qualidades e dos seus talentos. Precisamos das suas paixões e da sua dor, da sua personalidade, seja ela qual for. Precisamos das suas peculiaridades e dos seus costumes nem tão perfeitos.

Precisamos do seu diploma de faculdade, ou não.

Do seu amor em ler para seus filhos, ou não.

Do seu amor por viagens internacionais, ou não.

Do seu amor por adereços artesanais, ou não.

Precisamos de você exatamente como você é.

Onde você for fraca, alguém dará força.

Onde você for forte, alguém se apoiará em você.

Este convite que estou estendendo é para brilhar como o meio-dia, independentemente do que diga o relógio. Há mais coisas na vida do que facilidade e conforto. Você sempre desconfiou disso. Rezo intensamente para que essas coisas que a mantêm propensa ao sofá não tenham mais influência sobre você, e que hoje seja o dia em que você se levante e escolha uma vida de coragem imperfeita.

Venha, minha amiga, venha.

Venha com sua incerteza.

Venha com suas dúvidas.

Venha com sua ansiedade e seu medo.

Este mundo espera um feixe de luminosidade, percebe? Um pouco de meio-dia para iluminar a escuridão.

AGRADECIMENTOS

Uma vez, fiz um teste de personalidade que me acertou em cheio. Dizia que eu me desenvolvo num encontro de mentes. Essa tendência explica por que, na hora de escrever este livro, só fiquei entusiasmada quando percebi que não era preciso fazê-lo sozinha. Minha profunda gratidão vai para Ashley Wiersma, Jenna Tanner e Lindsay Hadlock. A paixão de vocês por esse projeto se igualou à minha. Acredito que nosso encontro de mentes fez mágica. Este livro é *nosso*.

A Noonday e, por consequência, este livro, simplesmente não existiriam sem pessoas dispostas a arriscar muito em meu nome. Lanço mão da sua crença com muita frequência, para seguir em frente. A Travis Wilson, meu parceiro de crime: Sou uma líder melhor graças a você. A Suzanne Wilson, que viu o impacto potencial que a Noonday poderia ter, muito antes do restante de nós. Muito obrigada por sua sabedoria pé no chão.

Agradeço a Laura Morton, por me convidar a visitá-la em Uganda, e por desempenhar um papel tão fundamental no desdobramento desta concepção. Agradeço a Downie e Bobby Mickler, que criaram uma oportunidade para mim, ao verem um futuro para Jalia e Daniel Matovu.

Agradeço a Jalia e Daniel Matovu, cujo amor pelos mais destroçados e vulneráveis me ensina diariamente. Vocês abriram as portas para milhares de artesãos ao redor do mundo. Sou eternamente grata a todos os nossos parceiros artesãos, que lidaram com encomendas feitas em parágrafos de e-mail e estão sempre dispostos a tentar novos *designs* e inovações. Seu amor pelo seu povo me deu um profundo amor pelo seu povo. Esta história é de vocês.

Agradeço a Sara Brinton, que abriu um caminho a ser seguido por milhares de embaixadoras. A essas mulheres que disseram sim, naquele primeiro ano, à possibilidade de serem embaixadoras, quando nossa única capacidade de verdade era o espírito de luta. Vocês formaram uma cultura de alicerce que está mudando a maneira como as mulheres são percebidas ao redor do mundo. Agradeço a Allison Humphries, Beth Bernhardt, Brittany Gaskill, Courtney Garrett, Elizabeth Chambers, Katie Fickey, kk MCKenzie, Krista Box, Lindseay Schmierer, Lisa Foster, Liz Bradley, Lori Boynton, Mary Barker, Rebecca Williams, Renee Dubose, Whitney Ray, e Wynne Elder. E agradeço àquelas que, há seis anos, vêm desenvolvendo esta comunidade comigo: Krista Box, Lisa Foster, Brandi Mendenhall, Holly Wimer, Paige Knudsen, Kate Halaris, Jen Thrift, Susan Hood, Melonie Rosenfarb e Carrie Glanzer.

Às minhas ativas embaixadoras na mudança do mundo, cuja persistente crença em mim liberou uma coragem que eu não sabia que estava ali, o meu muito obrigada. Muitas de vocês me disseram para, um dia, escrever um livro. Agradeço por terem dito isto em voz alta. Sinceramente, este livro é para vocês.

Àquelas que amaram abertamente meus filhos, quando a Noonday estava num crescimento de três dígitos; Lauren Bazan, estamos mudados por sua causa. Você infundiu muita paz em nossa casa, numa época caótica. E agradeço a Lyndsey Sweeney.

É um verdadeiro desafio aprender trabalhando, quando essa curva de aprendizado impacta as pessoas que você lidera. Para Joel Skotak, Renee McCharen, Johanna Robninson, Jaclyn Dowdle, Nicole Schuman e Shelly Smith, primeiros membros da equipe que se juntaram a nós na construção do avião enquanto ele voava, *muito obrigada*. Agradeço a Karen Gibbs, que iluminou esta trilha muito antes que qualquer um soubesse o que eram produtos artesanais. Agradeço a Arturo Coto, que é a adaptabilidade e a fidelidade em pessoa, e que me ensinou demais sobre liderança de pessoas. Aos meus atuais colegas na Noonday: Vocês são *demais*. Agradeço por cuidarem das coisas para mim durante todo o processo de escrever este livro e por se adaptarem ao meu cronograma, mesmo quando não era conveniente. Agradeço ao restante da equipe executiva, incluindo Sheila Walker e Christy Kranik, por levar adiante essa estratégia conosco.

Por trás de qualquer um que tenha conhecido ao menos uma pitada de sucesso existe um exército para lhe dar cobertura. Para meu coletivo de mulheres, informalmente formado, que recebe os telefonemas e textos de SOS, sempre que fico tentada a jogar a toalha da liderança: Jennie Allen, Jen Hatmaker, Melissa Russell (apoio extra por ajudar com a primeira versão deste livro), Mica May e Jamie Ivey, agradeço por *sempre* atenderem às minhas ligações. A Sara Combs, Meagan Brown, Lori Newell, Stacie Chilton e Dee Brosnan, amigas que me amam tão concretamente que é como se Deus tivesse se encarnado em vocês; tenho certeza de que vocês se mudariam para a minha casa, se ocorresse alguma tragédia, e vocês sabem que estão garantidas nas melhores fotos de recordação que existem.

Agradeço aos que leram o primeiro manuscrito. Jesse Cougle, Marijoy Horton, Christy Kranik, Romy Parzick, Suzanne Wilson, Melissa Russell, Joe Honegger e Travis Wilson proporcionaram valiosos *feedbacks*. E agradeço a Tim Willard, por sua ajuda no capítulo três. Agradeço a Shauna Niequist por me pôr em contato com Chris Ferebee e Ashley Wiersma e por ser uma entusiasta vigorosa deste livro.

E agradeço à equipe estelar da Penguin Random House. A meu agente Chris Ferebee e a minha editora de aquisição, Shannon, muito obrigada por caminharem comigo ao longo deste processo. Os novatos nunca são fáceis, mas vocês tornaram meus passos hesitantes mais caminháveis. Agradeço a cada um de vocês na WaterBrook e na Crown pela colaboração neste projeto, e a Tina Constable por acreditar na proposta original.

Aos meus filhos, que veem o melhor em mim, e que me lembram de largar o celular e trocá-lo por folias dançantes, jogos e o canal Hallmark. Mal posso esperar para ver todas as maneiras com que Deus guiará o caminho de vocês. Amelie, obrigada por nunca me deixar digitar enquanto dirijo e pela profunda amizade que nos une. Holden, suas massagens nos ombros sempre trazem conforto e sua positividade traz o brilho do sol para dentro de casa. Jack, o ponto alto do meu dia são seus aconchegos na hora de dormir, sua imerecida confiança me mudou para sempre. Você mudou toda a minha vida. Nunca vou me cansar de você me pedir para massageá-lo, portanto, espero que continue pedindo. A Joe, suas raízes são da maior profundidade, sua sombra nos encobre, nos refresca e nos dá tudo que precisamos para sair sob o sol abrasador e continuar levando vidas corajosas. Pertencemos um ao outro, e este pertencimento trouxe uma intensa sensação de segurança. Você me torna destemida.

Aos meus pais, que viram meu fogo e deixaram-no queimar; agradeço por incentivarem minha independência e por me amarem intensamente, mesmo deixando que eu me aventurasse pelo mundo em tão tenra idade. Ao meu irmão, que, embora sejamos o oposto um do outro e caminhemos ao som de nossos próprios tambores, sempre amei suas batidas.

Agradeço aos meus sogros, que me apoiaram e apoiaram nossa família em cada passo dessa jornada. Seus sacrifícios na ajuda com as crianças, seu amor e apoio constantes, e seu profundo amor pelos necessitados, me deram equilíbrio.

Àqueles que escreveram bem antes de mim, impactando minhas perspectivas, moldando minha liderança, e aliviando um pouco a solidão que vem ao se desbravar novos caminhos, a obra de vocês faz diferença para mim e me ajudou a ter coragem para escrever este livro: Andy Crouch, Dra. Brené Brown, Dr. Curt Thompson, Darrow Miller, Gary Haugen, Sheryl Sandberg, Shonda Rhimes, Tim Keller, Tina Fey e muitos outros. Sou grata a todos vocês.

Ao meu Jesus: Você despertou minha atenção quando eu era muito jovem e incentivou um amor pelos vulneráveis que só poderia ter sido orquestrado por Você. Agradeço as oportunidades que Você continua a proporcionar, que, por sua vez, suscitam oportunidades para outras pessoas. Por Sua causa, me sinto conhecida, amada, aceita e corajosa. Que tudo o que eu diga e faça nessa vida possa ser uma canção de amor a Você.

1 Andy Crouch, *Strong and Weak: Embracing a Life of Love, Risk and True Flourishing* (Downers Grove, IL: Inter Varsity, 2016), 76.
2 Crouch, *Strong and Weak*, 89-90.
3 Joe Hadfield, "Study: Deciding by Consensus Can compensate for Group Gender Imbalances", BYU News, 17 de setembro de 2012, https://news.byu.edu/news/study-deciding-consensus-can-compensate-group-gender-imbalances.
4 Veja http://pottershousedc.org/history.
5 Sheryl Sandberg, *Lean In: For Graduates* (New York: Knopf, 2014), 170.
6 Brené Brown, *The Gifts of Imperfection: Let Go of Who You Think You're Supposed to Be and Embrace Who You* Are (Hazelden: Center City, MN, 2010), 57.
7 Alen Standish, "The Perfectionist and Perfectionism", *Quit Binge Eating*, 3 de julho de 2014, www.quitbingeeating.com/pnp041-the-perfectionist.
8 Tina Fey, *Bossypants* (New York: Little Stranger, 2011), 23.
9 Geoff Williams, "The Heavy Price of Losing Weight", U.S. News & World Report, 2 de janeiro de 2013, https://money.usnews.com/money/personal-finance/articles/2013/01/02/the-heavy-price-of-losing-weight.
10 C.S. Lewis, *The Weight of Glory and Other Addresses* (New York: Harper One, 1980), 109. No Brasil, traduzido como *O Peso da Glória* (editora Vida, 2008 e Thomas Nelson Brasil, 2017).
11 Genesis 1:31.
12 Brené Brown, "Finding Our Way to True Belonging", *Ideas.Ted.Com*, 11 de setembro de 2017, https://ideas.ted.com/finding-our-way-to-true-belonging.
13 Karyn Purvis, *The Connected Child: Bring Hope and Healing to Your Adoptive Family* (New York: McGraw-Hill, 2007), 19.
14 Kyle Benson, "The Magic Relationship Ratio, According to Science", *The Gottman Institute*, 4 de outubro de 2017, www.gottman.com/blog/the-magic-relationship-ratio-according-science.
15 Para mais informações, por favor, visite "Person-Centered

Language", *Mental Health America*, http://mentalhealthamerica.net/person-centered-language.

16 "The Oprah Winfrey Show Finale", *Oprah.com*, 25 de maio de 2011, www.oprah.com/oprahshow/the-oprah-winfrey-show-finale_1/all#56WbGC9ul.

17 Veja Jeremias 29:11.

18 Thomas R. Eisenmann, "Entrepreneurship: A Working Definition", *Harvard Business Review*, 10 de janeiro de 2013, https://hbr.org/2013/01/what-is-entrepreneurship.

19 Christina Breitbeil, "Ben and Jerry's Co-Founder Emphasizes the Ethics of Business", *The Daily Texan*, 5 de janeiro de 2014, www.dailytexanonline.com/news/2013/11/20/ben-and-jerry's-co-founder-emphasizes-the-ethics-of-business.

20 Jim Clifton, "What the Whole World Wants", *Gallup News*, 17 de dezembro de 2015, http://news.gallup.com/opinion/chairman/187676/whole-world-wants.aspx.

21 Gary Haugen, "God's Plan for Justice", *Christianity Today*, 1º de junho de 2009, www.christianitytoday.com/pastors/2009/june-online-only/godplanjustice.html.

22 "Conscious Capitalism Credo", *Conscious Capitalism*, https://consiouscapitalism.org/credo.

23 Ellen McGirt, "Overcoming Trump Anxiety: lessons from a Civil Rights Leader", *Fortune*, 15 de novembro de 2016, http://fortune.com/2016/11/15/bryan-stevenson-justice-hopelessness.

24 Tim Keller, "Wisdom and Sabbath Rest", *Q Idea*s, outubro de 2014, http://208.106.253.109/blog/wisdom-and-sabbath-rest.aspx.

25 Veja Levíticos 25:4.

26 Isaías 58:10.

Fontes LYON, QUOTES
Papel PÓLEN SOFT 80 G/M²
Impressão IMPRENSA DA FÉ